나라는
이상한
나라

꾸준한 행복과 자존감을
찾아가는 심리 여행

나라는
이상한
나라

송형석 지음

알에이치코리아

나는 나를
얼마나 알고 있을까

내가 맨 처음 출간한 두 권의 책《위험한 심리학》과《위험한 관계학》은 원래 3부작을 염두에 두고 쓴 것이었다. 심오한 내용을 담은 것도 아니면서 그런 원대한 계획을 세운 이유는 그저 영화〈매트릭스*The Matrix*〉나〈스타워즈*Star Wars*〉같은 트릴로지Trilogy를 완성하고 싶다는 야망 때문이기도 했지만, 원래 하고 싶던 이야기, 즉 자기 내면을 들여다보는 법을 말하려면 사전 작업이 좀 필요했기 때문이었다.

10여 년 전만 해도 대중이 알고 있는 정신질환은 우울증과 조현병(당시는 '정신분열증'이란 명칭이 더 익숙했다) 정도였고, 성격 유형에 대한 이해도 ABO 혈액형 타입에 머물러 있었다. 심리학에 대한 관심도 지극히 실용적인 이유에서 시작된 경우가 많았고, 이에 따라 주로 남의 마음이 궁금한 이들이 심리서를 들여다보곤 했다.

상황이 이렇다 보니, 처음부터 자기 마음을 그려보는 책을 쓰는 건 시기상조다 싶었고, 먼저 사람들이 관심 갖는 주제를 선택하기로 했다. 그래서 사람을 분류하고 파악하는 방법을 먼저 소개한 다음 (《위험한 심리학》), 여러 성격과 정신 상태가 어떻게 만들어지고 관계가 이루어지는지 설명하고(《위험한 관계학》), 끝으로 자신의 마음을 보는 법(《나라는 이상한 나라》)을 이야기하는 것으로 계획을 세웠다.

그러나 자기를 들여다보는 방식은 지극히 주관적인 영역이다 보니, 종교나 기존 심리 이론조차도 비유나 은유를 사용하는 경우가 많아 글로 쓰는 것이 매우 부담스러웠다. 차일피일 시간을 보내다가 도저히 미룰 수 없는 때가 되어서야 쓰기를 결심했다. 그런 만큼 그동안 썼던 책 중 스트레스를 가장 많이 받았다.

그렇게, 애초 목표로 했던 세 권의 책을 내는 데 무려 10년의 시간이 걸렸다. 다행인 것은 10년의 세월만큼 많은 사람들을 만나 다양한 경험치가 쌓였다는 사실이다. 이 시간이 없었더라면, 이 책을 쓰기 쉽지 않았을 것이다.

자기에 대해 알아야 하는 이유

인간의 감각기관은 전적으로 외부를 판단하고 상황에 대처하기 위해 진화된 것이다. 안타깝게도, 우리는 스스로를 관찰할 수 있는 기관이나 머릿속에서 일어나는 현상을 가늠할 수 있는 기관을 가지고 있지 않다. 따라서 마음을 추정한다는 것은 앞을 못 보는 사람이 빛을 상상하는 것과 다르지 않다. 자신이 경험적으로 알고 있는 무언가와 비교해가며 이해해야 하는 것이다.

다중지능 이론에서는 자기 내면을 관찰하고 파악하는 것을 '내적 성찰 능력'이라는 지능의 일종으로 본다. 이 지능이 좋을수록 마음의 형태나 형성 과정을 시각 정보나 은유적인 이야기로 이해하는 것이 쉬워, 마음을 눈앞에 놓여 있는 물건처럼 현실적으로 느낀다. 이들에게 마음은 '나의 것'이 아니라 '나의 통제를 쉽게 벗어나는 다른 존재'다. 그러니, 이들은 항상 자신의 진정한 정신 상태를 의식하며 살 수밖에 없다.

이들에게는 자기 내면에 전혀 관심 없는 사람들의 삶이 마치 브레이크 없는 차를 모는 것같이 불안하게 느껴지기도 한다. 자기 내면에 관심 없는 사람들은 자기 마음이 보이지 않는 만큼 삶의 액셀을 더욱 세차게 밟곤 하는데, 나중에 얘기하겠지만 아이러니하게도 이러한 둔감함이 오히려 그들의 강점이 되기도 한다.

"그렇다면 왜 굳이 내 마음을 알아야 하는 걸까? 자기 내면을 열심히 들여다봐서 어디다 쓰려고?"

이런 의문을 갖는 분들이 있을 법하다.

들어가는 글

자신에 대해 탐색하다 보면, 내 능력이나 성향이 어떠한지, 내가 집착하거나 싫어하는 것이 무엇에서 비롯된 것인지 점점 이해하게 된다. 이는 직업, 결혼, 양육 방식 등 인생의 중요한 결정을 내리는 데 참고가 되는 것은 물론, 수많은 일상의 갈등이나 고민에 대처하는 데도 도움이 된다. 사실, 사회에서 발생하는 갈등의 대부분이 내가 어떤 사람인지 모르기 때문에 벌어지곤 한다. 자신을 모르고 사람을 상대하는 것은 자기 패를 보지 않고 도박을 하는 것과 같아서, 기대와 다른 결과를 낳기 쉬운 것이다.

나에 대한 이해는 세속적인 성공을 위해서도 꼭 필요하다. 자신의 능력과 장·단점을 정확히 알아야 그에 맞는 커리어를 만들어갈 수 있는 법이니까.

한 발 더 나아가, 자신의 진짜 감정과 생각을 추리하는 방법을 알게 되면, 타인의 욕구에 맞추기보다는 자신의 진정한 욕구에 맞춰 사는 방식을 선택할 수 있다. 마음을 알아가는 것 자체가 자기 정체성을 재확인하고, 인생의 의미를 찾는 과정이라 볼 수 있다. 사회가 좋은 것이라고 강제로 만들어준 기준과, 자신의 진정한 취향 및 행복 사이에서 균형을 잡을 수 있도록 도와주는 것이다. 살다가 문득 삶의 의미를 찾지 못하고 슬럼프에 빠진 사람이 회복한 이야기를 들어보라. 다시 일어난 사람들은 하나같이 자신을 되돌아보는 경험을 했다고 말한다.

물론, 눈에 보이지 않는 마음이란 존재를 유심히 들여다보는 가장 큰 이유 중 하나는 '지적인 호기심'이다. 저 사람은 타고난 본성이 부모의 어떤 양육 방식과 만났기에, 그런 성격으로 성장한 것일까? 사람들과의 관계에서 생기는 감정과 생각 들은 우리를 어떠한 상태로 만들어가나? 우리의 뇌는 어떻게 작동하는 걸까, 정말 기계처럼 조직된 것일까? 꿈에서 나오는 이 다채로운 세계는 도대체 무엇일까? 그에 대해 알아보고 상상하고 추리하는 것만으로도 그저 즐겁지 않은가. 그것만으로도 충분하다.

나라는 나라를 만드는 것들

나 역시 측정할 수는 없지만, 내 안에서 분명히 인식되는 관념들에 대해 호기심이 많다. 내 안에는 이제 어지간해선 잘 깨지지 않는 자존감이 형성되어 있는데, 문득 '내가 도대체 무슨 근거로 이런 자존감을 가질 수 있었지?' 하는 의문이 들었다.

나는 소싯적 성적이 유별나게 좋은 것도 아니었고, 운동 능력도 별로, 대인관계에서도 소심하기 짝이 없었다. 그럼에도 뻔뻔하게 '난 뭐든 잘할 수 있다'라는 막연한 생각을 하곤 했다. 왜 그랬을까 생각해보면, 여러 가지 열악한 상황에서도 부모의 기대와 외가의 첫손주로서 받았던 지대한 애정을 바탕으로, 몇몇 비이성적인 이야기들이 내게 신화로 자리 잡았기 때문이 아닌가 싶다. 이를테면, 내 태몽에

외가 가문의 상징 동물이 등장했다는 이야기는 가문의 운명이 내게도 이어질 거라는 막연한 기대를 심어 주었다. 사주나 점을 본 어머니께서 내가 분명 좋은 의사가 될 거라며 항상 나를 세뇌(?)시켜주신 것도 마찬가지였다. 놀랍게도, 그 예언들은 어느 정도 실제로 이루어졌고, 그럴수록 점점 더 마음속에 자리를 잡아가며 내게 암시를 걸어왔다.

이러한 나만의 예언과 신화는 친구들 혹은 스승의 인정을 통해 계속 재확인되거나, 자신을 증명할 명백한 사건이 있어야 유지될 수 있다.

나에게는 초등학교 때의 '인생 기억'이 하나 있다. 아침 자습시간에 친구들은 물론 출제자인 선생님까지 답을 틀린 수학 문제를 나만 맞혔던 것이다. 모두가 내 의견을 무시했지만, 재차 질문한 끝에 내가 맞았음을 인정받을 수 있었다. 그런데 우습게도 "다 맞은 사람 손들어봐"라는 선생님 말에 손을 들 수는 없었다. 다른 쉬운 문제를 틀렸기 때문이다.

이때의 기억이 지금까지 오래 남아 있는데, 대다수의 생각이 꼭 옳지는 않다는 사실, 나는 내 의지대로 살아가게 될 거라는 막연한 기대, 내가 남들보다 더 뛰어난 것은 아니라는 인식 등을 갖게 해주었다. 묘한 일이지만, 그저 어느 날 아침 30분간의 기억이 내 머릿속에 선명히 남아 내게 영향을 준 것이다.

나는 이 책에서 우리가 막연하게 생각하는 사고의 과정을 자세히 다루고, 마음속에 존재하는 관념, 즉 자존감, 우울감 같은 것들이 어떻게 작용하는지를 구체적으로 묘사해보려 한다. 또한, 나의 이야기에 등장했듯이 삶을 규정하는 신화 등에 대해서도 놓치지 않으려 한다.

어려운 내용 같아 보일지 모르지만, 실은 누구나 자신의 마음을 들여다볼 수 있는 공식을 말하려는 것뿐이다. 어렵지 않게, 그게 내가 좀 하는 거니까.

송형석

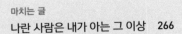

1부

나
들여다보기
연습

나를 푸는 공식

시각 장애를 타고난 사람들은 햇살의 존재를 어떻게 알 수 있을까? 따뜻한 촉감, 긍정적인 느낌, 달콤한 향기 등 다른 유사한 감각을 조합하여 추리할 수밖에 없을 것이다. 우리는 일반적으로 머릿속에 떠오른 이미지나 속으로 중얼거리고 있는 말들이 자신의 마음이라 생각하지만, 사실 그것들은 뇌의 판단을 언어나 영상 정보로 머릿속에서 재현한 것뿐이다. 음악이 진짜 마음이라면, 말이나 생각은 악보와 같다. 상당히 유사하지만, 악보가 음악 그 자체는 아니다.

정신분석의 창시자 지그문트 프로이트Sigmund Freud는 이러한 '생각 이전의 생각'을 '무의식'이라 명명하고, 그것이 그다지 이성적이지 않다고 설명했다. 정신의학자 칼 융Carl Jung은 선사 시대부터 인간에게 반복되는 상징을 찾아냈다. 물론 이들 이전부터 실험심리학자들은 인간이나 동물의 기계적인 결정 과정을 연구해왔고,

더 이전부터 수많은 명상가들이 마음의 모습에 대하여 탐구해왔다.

이렇듯 마음을 연구하는 데는 몇 가지 영역이 있다. 정신분석학처럼 의식 이전 마음의 복잡한 상징들과 에너지 이동에 대한 연구, 실험심리학, 통계심리학이나 뇌의학처럼 관찰할 수 있고 측정할 수 있는 부분에 대한 연구, 분석심리학자나 종교가 들에게서 들을 수 있는 다소 신비로운 정신세계에 대한 연구 등.

정신의학이라 하면 슈퍼스타 프로이트 덕분에 무의식을 탐색하는 것이 주된 영역인 것처럼 느껴지겠지만, 실제 최근 경향은 뇌의학, 실험과 통계를 통한 분석 등이 대세라고 볼 수 있다. 흥미롭긴 하지만, 마음의 모든 것이 숫자와 기호로 측정되는 것이 그렇게 매력적이지만은 않은 것도 사실. 그래서인지 신화, 운명, 영혼 등에 대한 관심도 학문과 유사과학 사이에서 꾸준히 자리를 잡고 있다.

내 속마음을
흘깃 훔쳐보는 법

"저도 제가 그러면 안 되는 거 아는데요. 이상하게 자꾸만 하고 싶어요."

이렇게 말하는 사람들이 많다. '안 된다고 생각한다'와 '그런데 그 행동을 하고 싶다'는 두 문장의 간극을 상상해보라. 누군가가 "액셀을 열심히 밟았는데, 차는 가지 않았다"라고 했을 때, 차를 전혀 모르는 사람이라면 그것 참 이상한 일이라고 생각할지 모르지만, 구조를 좀 배운 사람이라면 액셀과 바퀴 사이의 수많은 기계 중 어딘가에서 고장이 난 건 아닐까 생각할 것이다.

마찬가지로, 자신을 분석하면 할수록 자신의 '의지'와 '진짜 욕망' 사이에 수많은 메커니즘과 사고가 존재한다는 것을 알게 된다.

무엇을 조절하고 수정해야만 내가 하는 그 '이상한' 행동을 바꿀 수 있는지 이해하게 되는 것이다.

나를 관찰하는 방법

자기 자신을 분석하려면 반대로 자기가 하는 말이나 행동을 파악해야 하는데, 이것이 쉽지 않다. 그래서일까. 자신을 타인의 시선으로 볼 수 있는 도구인 녹음기와 카메라가 발명된 것은 인간의 정신세계에 큰 변화를 주었다. 인간이 자신을 보는 관점을 크게 바꿔놓은 것이다.

나는 여러분이 자신의 자연스러운 행동을 한번 비디오로 찍어보았으면 한다. 자신이 어떤 자세로, 어떤 내용을 말하는지. 그렇게 오래 보고 있을 수만은 없을 것이다. 비디오에 찍힌 자신의 모습을 보는 것은 마치 돌직구를 날리는 친구의 지적질을 듣는 듯한 기분을 불러일으킨다. 계속 보고 있자면 어쩐지 지치는 것 같은데, 이는 '실제의 나'가 '내가 짐작하는 나'와 다르기 때문이다.

여담이지만, 나는 독특한 고문을 생각해본 적이 있다. 방 안을 모두 모니터로 두르고 모니터 사이에는 카메라를 비치해 자신의 행동을 강제로 관찰할 수밖에 없는 방에 가두는 것이다. 쉴 때는 본인 행동을 되감기해 보게 하고, 외부인은 그에 대한 냉정한 피드백을

전해준다. 아마도 상당히 괴로운 경험일 거라 생각한다.

이러한 방법이 나를 노골적으로 직접 관찰하는 것이라면, 간접적으로 자기 내면을 탐색하기 위한 방법도 있다. 전통적인 방식으로는 일기 쓰기가 있을 것이고, 전문적인 방식으로는 꿈 분석, 그림 분석 등의 방법이 있을 것이다. 여기서는 이런 방식들 외에 스스로 쉽게 해볼 수 있는 것을 살펴보자.

내 소지품 생각해보기

가장 쉬운 방법이다. 지금 여러분이 가방에 넣고 다니는 물건은 무엇이며, 책상 위에 둔 물건은 무엇인가? 가장 돈을 많이 들이는 물건은 무엇인가?

여러분이 항상 가방에 넣고 다니는 물건을 살펴보라. 전자 기기일 수도, 책일 수도, 숫자가 잔뜩 적힌 종이일 수도 있다. 계속해서 지니고 다니는 물건을 파악했다면, 이제 그것이 무슨 의미를 띠는지 되물어보라.

최신 태블릿 PC, 노트북, 휴대전화 같은 IT 제품을 늘 들고 다니지만 그것들을 자주 사용하진 않는 사람은 남들에게 관심받을 수 있는 최신 제품으로 자신을 치장하려는 것인지도 모른다. 한편, 세상의 온갖 정보에 접속할 수 있는 도구를 종류별로 다 갖고 있다는

사실 자체에 뿌듯해하는 사람도 있다. 전자가 자존감을 채우려고 물건을 갖고 다니는 거라면, 후자는 강박증적 수집을 위해 물건을 갖고 다니는 것이다.

어떤 사람은 가방 속에 늘 교과서만 들어 있는 반면, 어떤 사람은 취미 위주의 책만 들어 있다. 전자가 유연성 없이 딱딱하다는 인상을 준다면, 후자는 학교 공부와 여가 시간을 분명하게 구분 지으려는 듯한 인상을 준다.

"내 가방에는 별로 중요하지 않은 잡동사니밖에 없어요."

이렇게 말하는 사람도 있다. 그런데 그 잡동사니들을 왜 들고 다닐까? 그냥 게을러서일까? 그렇다면 그것을 당장에 버릴 수 있는가? 그렇지 못하다면, 왜 그런 것일까?

내 가방 주머니에도 버리지 못한 잡동사니들이 꽤 남아 있다. '버리기는 아까우나 아무 쓸데가 없는' 오래된 적립카드, 학회 명찰, 검정색이 안 나오는 삼색 볼펜 같은 것들. 아직 용도가 불확실해 사무실에 두지 못하고 가방 속에 넣고 다니는 느낌이다. 좀 더 시간이 지나 확실히 쓰레기로 인식이 되는 순간, 사무실과 집과 주머니 사이에서 서성대는 방황을 접고 쓰레기통으로 자리를 옮기게 될 것이다. 내 성격이 보이는가?

그다음에는 책상(집에 있는 자기 책상이든 회사에 있는 자기 책상이든)

에 항상 놓여 있는 물건들을 관찰해보라. 남들과 다른 무언가가 있는가? 아마도 작은 장식물 같은 것들이 있을 텐데, 아무리 사소한 것이라 하더라도 그것이 여러분에게 위로가 되기 때문에 거기 있다고 생각하면 맞을 것이다. 아이돌 사진이라면 말할 것도 없고, 선인장이나 베고니아, 골프대회 트로피, 대학교 졸업증서 역시 이런 맥락에서 유추가 가능하다. 어떤 물건을 놓았는지에 따라 여러분을 위로하는 물건의 상징성이 조금씩 다르게 눈에 들어올 것이다.

약간 더 복잡한 경우도 있다. 잘 인식하지 못했는데, 모아 놓은 필기구가 모두 초록색이라든가, 과도할 정도로 테이프가 많다든가, 무안할 만큼 책상 위에 아무것도 없다든가. 이럴 때는 각각의 특징에서 연상되는 이유를 만들어 자문해본다.

"내가 숲 분위기를 내려 하나?"
"뭘 자꾸 붙여서 연결하고 싶은 건가? 기분이 흩어질 것 같아서?"
"내 내면이 공허한가? 황폐해졌나?"

이런 방식에 정확한 공식은 없다. 이는 오히려 답을 내려는 것이라기보다는 자기 내면을 들여다보는 계기를 만들려는 것이다. 한두 번의 문답으로 결론을 내리지 말고, 자기 책상이나 가방에 어떤 심리적 공간이 펼쳐져 있는지 상상해보라. 1센티미터 크기의 작은 사람이 여러분의 책상에 착륙해 이 행성의 주인이 어떤 사람일 것 같다고 말할지 상상해보는 것도 재미있을 것이다.

책상이나 가방 외에도 여러분이 무의식적으로 구축한 공간들은 많다. 예를 들어, 여러분 컴퓨터의 빠른 실행, 휴대전화의 첫 번째 화면에 모아둔 아이콘은 무엇인지 살펴볼 수도 있다. 가장 많이 구입한 앱은? 이렇게 분류한 기준은? 그것 역시 여러분 마음속 규칙에 따라 배열되어 있는 것이다.

좋아하는 것과 싫어하는 것

좋아하는 사람과 싫어하는 사람을 떠올려보아도 좋고, 꼭 가보고 싶은 여행지와 유명하지만 내키지 않는 여행지의 특징들을 정리해보아도 좋다. 아마도 제일 쉬운 것은 음식 취향일 것이다. 내가 좋아하거나 싫어하는 음식들을 나열해보고, 그 음식들의 특징이 무엇인지 생각해보는 것이다.

"냉면, 비빔밥, 불고기" 등 너무 일반적인 한국 음식을 떠올린 사람은 호기심이 좀 부족해 보인다. "참치김밥, 돈가스, 쫄면" 등 쉽게 먹을 수 있는 분식점 음식만 고른 사람은 맛보다는 편의성을 중시하는 것 같다.

한번은 "라면, 파전, 참치덮밥, 김치볶음밥"과 같이 어딘가 특징이 잘 잡히지 않는 음식들을 죽 나열했던 사람이 있었다. 왜 그것들을 골랐는지 물었더니, 자신이 만들 수 있는 음식만 말했단다. 이런 사람은 자신에게 관심이 집중되어 있거나, 맛 자체보다 만드는 과정을 중요시하는 사람일 수 있다.

종류도 종류지만, 음식에 대해 상당히 구체적으로 세심하게 표현하는 사람도 있다. 예를 들어, 좋아하는 음식이 "짜장면, 냉면, 삼겹살"이라고 한 사람과 "○○반점의 쟁반짜장, △△옥의 평양냉면, 돌판에 구운 돼지목살"이라고 한 사람은 답이 비슷해 보이지만, 취향의 섬세함이나 그간 쌓아온 경험치에서 분명한 차이가 느껴진다.

이성 취향을 알아보는 게임도 괜찮다. 친구들끼리 남녀배우 사진을 늘어놓고 누가 더 내 취향인가 찾아가는 게임은, 나도 잘 몰랐던 자기 취향이나 일관된 관점을 드러내기도 한다. 좋아하는 연예인들이 다 비슷한 분위기라면, 왜 내가 그런 취향을 가지고 있는지 생각해볼 것. 거기서 부모·형제와의 관련성을 찾은 후, 심리 분석을 시작하는 사람도 있었다.

여태 사귄 남자나 여자들의 스타일을 되짚어볼 수도 있다. 어떤 사람은 자기가 사귄 사람 중에는 너무 내성적인 사람도 있었고 매우 활발한 사람도 있었다며, 자기 취향에 일관성이 없다고 주장하기도 한다. 그런데 재차 물어보면, 내성적인 사람과 활발한 사람을 번갈아가며 사귄다는 사실이 드러나기도 한다. 이는 그가 이성을 선택하는 데 있어 자신감이 없어 계속 혼란스러워하는 것으로 해석할 수 있다.

외부 세계를 다루는 방식

자신의 일하는 스타일, 게임하는 스타일, 사람을 다루는 스타일 등 외부 세계를 다루는 방식은 비교적 같은 패턴을 띠는 경우가 많다. 예를 들면, 이런 식.

"저는 일할 때 좀 오버를 해요. 아이디어가 생기면 다른 사람을 생각하지 않고 너무 나가버린다고 해야 하나. 나중에 보면 저 혼자 일하고 있어요."

"평소 즐기는 취미가 있나요?"

"축구요. ○○ 리그를 좋아해요. 무조건 공격이죠. 수비는 좀 뚫려도 좋아요. 골 먹고 화끈하게 공격 일변도로 가는 게 너무 재밌어요."

"똑같네요."

"네?"

"혼자 드리블해나가는 스트라이커 타입인데, 종종 전방에서 고립되겠군요. 좀 유기적인 플레이를 해야 하지 않겠습니까?"

"하하. 정말 그러네요."

나는 곧잘 내담자들에게 게임을 하는지, 한다고 하면 게임 스타일이 어떤지 묻는다. 돌진해 격투를 벌이는지, 후방에서 간접적인 무기를 쓰는지, 타 멤버를 돕는지, 관망을 하는지 등을 살펴보면, 그 사람의 평소 대인관계나 일하는 스타일을 짐작할 수 있다. 외부 자극에 대처하는 패턴은 이미 머릿속에 저장되어 있어서, 게임을 할 때도 자신에게 편한 방식을 자주 쓰게 된다. 아무래도 일상은 복잡한 반면 게임은 변수가 제한적이다 보니, 그 사람의 패턴이 더 쉽게 드러나게 되어 있다. 그 사람이 겉으로 보이는 모습이나 말보다도 게임할 때 돋보이는 장점(자잘한 공격을 잘 참아낸다거나)이나 반복되는 실수(무리한 투입으로 역전패가 잦다거나)가 실제 생활에서도 비슷하게 나타날 가능성이 있다.

내가 계속 숨기는 것들

스스로는 자기가 평온한 성격이라고 생각하는데, 친구에게 "너 은근히 까다로워" 같은 말을 들어본 적 있을 것이다. 나는 내 모습을 정확히 볼 수 없고, 남들은 내 진짜 모습에 대해 얘기해주기를 꺼리고, 부모님은 얘기를 해주시지만 내가 믿지를 않다 보니, 자신의 이면을 확인하기가 쉽지 않다.

다음은 스스로 인식하지 못한 취향, 사고방식 등을 엿볼 수 있는 방법들이다.

보통 다른 사람의 진짜 성격이나 본심을 파악하려 할 때, "왜 그렇게 생각해요?" "무엇을 하고 싶은 건가요?"와 같이 직설적이고 의도적인 질문을 던지곤 하는데, 이는 하수나 하는 짓이다. 그냥 일상적인 대화를 나누다가 그 사람이 유독 숨기려고 하거나 과장스럽게 꾸미는 부분, 즉 어색한 부분을 발견하고 거기서 상대의 숨겨진 의도를 추리하는 것이 고수의 방법이다. 예를 들어, 사업 문제로 만난 사람인데 돈 얘기를 하면 피한다거나 혹은 이상할 정도로 돈에 대한 이야기만 하고 있다면, 그 사람에게 무언가 문제가 있을 가능성이 크다고 보아야 한다.

비슷한 맥락에서, 어떤 측면을 놓지 않고 계속 언급하는 사람도 있다. 그런 말을 하는 게 어색한 상황에서도, "난 착해"라거나 "내 머리가 좀 좋지" 같은 말을 포기하지 않고 계속 하는 식이다. 진실이건 착각이건 간에, 그 말이 그 사람에게는 정체성의 토대가 될 정도로 중요한 사실이기 때문에 반복하는 것이다. 아마도 그는 실제론 자신이 착하지 않거나 머리가 나쁠지 모른다는 불안감을 가지고 있을 것이다.

이러한 방식의 추리는 자기 자신에게도 적용할 수 있다. 혹시 여러분이 일을 할 때 항상 반복하는 농담이나 화젯거리가 있는가? 친구들끼리 술자리에 모였을 때 반복해서 하는 말은 무엇인지 혹은 회피하는 주제는 무엇인지 생각해보라. 영업을 하는 사람이 "진심으로" "진짜"라는 말을 반복하면, 신뢰가 잘 가지 않게 마련이다. 고만고만한 친구들 사이에서 돈 번 얘기만 하는 사람은 돈 외엔 그다지 내세울 게 없는 것으로 보인다.

이렇게 내면을 숨기고 자신을 방어하는 것은 자연스러운 현상이지만 항상 효율적으로 작동하는 것은 아니어서, 오히려 주변 사람들에게 자기 내면을 보여주는 계기가 되기도 한다. 이런 점에서도 자기 내면이 어떻게 드러나는지 알아야 할 필요가 있다. 내 내면을 남들에게 감춘다고 감춰지지 않으니 말이다.

마음도
측정이 됩니다

    분노의 정도, 슬픔의 깊이, 기쁨의 밝기 같은 것을 절대적으로 평가할 수 있는 방법은 없다. 하지만 이를 상대적으로 비교해 측정하거나, 다른 것에 빗대어 표현할 수는 있다. 이렇듯 사람들은 저마다 다양한 방법으로 마음을 드러내지만, 막상 어떻게 그런 표현을 썼느냐고 물어보면 당황하기 일쑤다.

측정할 수 없는 것을 측정하려면

점수 매기기

숫자라든가 '미터' '평' '근' 같은 단위를 발명해내기 전까지 사람들은 어떻게 길이나 넓이를 표현했을까? 아마도 '저 집은 이 집보다 크다' '저 산은 이 산과 높이가 비슷하다'와 같이, 상대적인 비교를 통해 그 규모를 가늠했을 것이다. 마음 상태를 표현할 때도 마찬가지다.

마음이란 뚜렷하게 형태가 있는 것이 아니므로 상대적인 측정으로만 그 크기를 파악할 수 있다. 나에게 발생한 감정 하나를 기준으로 삼아 다른 감정의 크기가 더 큰지, 더 작은지를 파악하는 것. 이런 방식에 익숙해지면, 슬픔, 공허감, 친분 같은 복잡한 감정도 비교할 수 있다. 그러나 그렇지 않은 사람은 분노, 불안, 기쁨 같은 명백한 감정부터 비교해보는 것이 쉬울 것이다.

내담자들 중에는 자신의 스트레스를 잘 인식하지 못하는 사람이 많다. 뭘 물어봐도 자신은 불편하지 않고 특별한 스트레스가 없다고 말한다.

"저는 특별히 불편하지 않은데요. 스트레스받는 일이 없습니다."

"지금 이 자리는 편하십니까?"

"네."

"그럼 이 방에서 나가면 좀 더 편할까요?"

"더 낫겠죠."

"아예 건물 밖으로 나가면요?"

"더 낫겠는데요."

"그냥 집에 가면 어떨까요?"

"집에 들어가 앉아서 쉬면 더 낫겠네요."

"아예 눕는 게 낫겠죠. 누우면 자는 게 낫겠고."

"그게 편하겠네요."

"그렇다면 지금은 편한 걸까요?"

"……."

'불편하다' '편하다'처럼 감정 상태를 이르는 말들은 상대적이다. 아무리 직장이 힘들어도 전쟁터에 비하면 천국일 테고, 내 방이 최고라던 사람도 비싼 호텔에서 묵고 오면 자기 방이 다르게 느껴지는 법이다. 앞선 상황에서, 야단 맞아가며 일하는 회사에 비하면 처음 들어온 진료실이 정말 편한 곳이겠으나, 마음대로 뒹굴뒹굴할 수 있는 내 방만큼 편하진 않을 것이다.

그래서 내담자들에게는 현재의 감정을 '0~100'까지의 숫자로 표현해보라고 말하곤 한다. 불안감을 예로 들자면, 아주 편할 때가 0, 극도로 불안할 때가 100이다. 이렇게 해야 상담자와 내담자가 증상을 구체적으로 가늠할 수 있다. 사람마다 다르지만, 일반적으로 진료실에 있을 때는 불안감이 50 정도 된다. 집에서도 항상 일 생각만 하고 밤에도 깊이 잠들지 못하는 사람은 가장 편해야 할 장소에서도 50 이상의 불안감이 있다고 보아야 한다.

이런 '감정의 수치화'는 사실, 우리가 일상에서 곧잘 써먹는 것이다. 이를테면 이런 식이다.

"난 연예인 ○○○보다 △△△가 100배는 좋아."
"야, 네가 저번에 한 짓보다 이번 일이 100만 배는 짜증 나는걸."

이를 자신의 여러 가지 상황에도 적용해본다. 나라면, 논문을 내일까지 써야 하는데 이제 본론 중간밖에 못 썼다면 100(아예 하나도 못 썼으면 포기할 테니까), 해야 할 일을 다 하고 샤워까지 마친 후 침대에 누워 만화를 보고 있는 휴가 첫날(둘째 날이면 벌써 조급해진다)이라면 0에 놓겠다. 그렇게 따지면, 평소 직장에서의 내 긴장도는 아무리 낮게 잡아도 70은 될 듯하다.

통상적으로 잘 겪지 않는 일들은 이 범주에서 빼는 것이 좋다. 가족의 죽음, 화재 사고, 실직 등 예외적으로 발생하는 스트레스 상황은 100 이상으로, 복권 당첨, 주식 대박으로 인한 만족감 같은 것은 마이너스 범위로 생각해야지, 모든 상황을 염두에 두면 점수를 0~10,000으로 해도 부족할 것이다. 이런 평가를 하다 보면, "편하다" "아무 문제없다" 혹은 "너무 힘들다" 같은 단순한 표현이 어색하게 느껴질 것이다.

점수가 아니라, 순위를 매길 수도 있다. 유사한 감정을 세분화시키는 경우, 이때 굳이 수치가 아닌 순위를 매기는 것만으로도 충분할 수 있다.

1장 | 나를 푸는 공식

"남편만 보면 짜증이 나시나요?"

"네. 하는 행동 하나하나가 보기 싫어요."

"어젯밤 말다툼을 하신 이유는 뭔가요?"

"요즘 다이어트 하느라 고생하는 거 알면서, 밤중에 치킨을 사왔으니 화가 났죠."

"부인 마음은 살피지도 않고 말이죠."

"그러게 말이에요."

"케이크를 사 왔으면요?"

"더 열 받죠. 그럼 아예 살이나 쪄라 아니겠어요?"

"빈손으로 들어왔으면요?"

"아예 쫓겨났을걸요?"

"그럼 뭘 사 왔으면 좋았을까요?"

"꽃 같은 거 있잖아요."

"자, 화를 유발하는 남편 행동에 대해 순위를 매겨볼게요. '아무것도 안 사 옴-케이크-치킨-꽃'의 순서로 매기면 맞을까요? 남편이 치킨과 꽃 사이에 어떤 걸 사 왔다면 화가 덜 났을까요?"

"글쎄요."

"남편분은 같이 나눠 먹을 수 있는 걸 사 오신 것 같은데, 샐러드나 도토리묵이라면 어땠을까요?"

우리가 느끼는 감정들 사이에는 수많은 단계가 있으며, 그 감정들은 모두 단일하지 않다. 이질적인 감정들이 서로 섞여 있는 경우가 대부분인 셈이다.

다이어트를 해야 하는 상황이라면, 눈앞에 놓인 치킨은 기쁨과 짜증을 동시에 유발한다. 마찬가지로, 마음에 안 드는 사람의 불행은 기쁨과 함께 죄책감과 동정심을 불러일으킨다.

'그 인간에게 불행이 닥친 건 기쁘지만, 그렇다고 해고까지 당하면 좀 미안할 것 같고 벌금이나 경고조치 정도 받는다면 나도 적당히 즐거워할 수 있겠네.'

이런 생각을 했다면, 여러분은 이미 서로 다른 감정들의 크기를 짐작하고 그에 따라 감정의 타협을 보았다는 이야기가 된다. 이를 수치로 표현해보자면, 다음과 같을 것이다.

'그 인간이 해고까지 당하면 내 죄책감은 70을 넘어서겠네. 경고조치로 망신을 당한다면, 시원한 느낌이 80은 되겠지만 죄책감은 거의 10도 안 되겠는걸. 난 감정적으로 그쪽이 더 편하겠어.'

이렇듯 감정의 자세한 분화와 수치화는 자신의 마음을 매우 구체적으로 다룰 수 있게 해주어, 여러 가지 상황에서 더 좋은 판단을 할 수 있도록 돕는다.

추상적인 것들 매칭하기

복잡한 경험을 무게나 넓이 등으로 나타낼 수도 있다. 이는 예술적인 표현에 속하는데, 낯설어 보이는 경험과 명제를 결부시켜 상황을 더 적절히 드러내기도 한다. 상대에게 일일이 설명하는 것보다, 비유적인 이미지를 제시하는 것이 더 결과가 좋을 수 있다. 다음의 대화를 살펴보자.

"힘든 일이 있어서 그냥 아무 생각하지 말아야지, 했더니 우울한 감정이 없어졌어요. 그런데 3개월 정도 지나니까 다시 답답하고 온몸이 아프고 괴로워요. 왜 이러는 걸까요?"

"우울한 감정이 없었으면 좋겠어요?"

"네, 그냥 아무 생각도 하지 않았으면 좋겠어요."

"3개월 동안은 자신의 감정을 일부러 닫아놓았을 거예요. 머릿속에서 인식되는 걸 튀어나오지 않도록 무거운 뚜껑으로 누르고 있었던 거죠."

"그럼 지금은 왜 다시 감정이 튀어나온 거죠?"

"누르는 게 힘이 드니까요. 이제 더는 누를 힘이 없는 거예요. 3개월 동안 스트레스가 튀어나오는 걸 누르기 위해 머리에다 얼마나 무거운 추를 놓았을까요?"

"후후. 한 10킬로그램쯤요?"

"제 의자가 10킬로그램쯤 됩니다. 당신은 머리에다가 이 의자를 없고 다닌 거죠. 얼마나 힘들었겠어요? 차라리 힘들었던 일을 꺼내서 같이 얘기해보는 게 낫지 않겠어요?"

살아온 경험을 일일이 설명하지 않아도, 어떤 형태나 다른 경험과 비교해가면서 더 정확히 숨겨진 이면을 드러내는 경우도 있다. 20대 청년이 부모가 가하는 무언의 압박으로 힘들어한다. 이상하게 부모 앞에만 서면, 주눅이 든다. 자세히 물어보면, 부모는 평소 사회적 지위, 집, 돈 등이 얼마나 중요한지 계속 언급해왔고, 그 외에는 관심이 없는 사람이다. 노골적인 말을 한 적은 없지만, 오랜 세월 쌓인 부모의 말들과 생각이 엄청난 부담감으로 이 청년을 짓누르는 것이다.

"한번 상상해보세요. 20년 이상 부모가 당신에게 한 기대들이 쌓여 있는 모습을. 몇 미터나 될까요?"

"후우…. 한 수십 미터는 쌓인 것 같은데요."

"좋습니다. 꼭 그 엄청난 높이까지 올라가야 할까요?"

"힘들 것 같긴 한데, 부모님을 만족시키려면 올라가야 할 것 같아요."

"제가 보기엔 그 산, 굉장히 뾰족하고 미끄러울 것 같습니다. 그냥 돌아가면 안 될까요? 다른 산에 오르더라도 비슷하게만 가면 되잖아요? 꼭 그 산에 오를 필요는 없어요."

"… 둘레길 돌듯이 그냥 한 바퀴 돌고 말까요?"

"맞아요. 그래도 훌륭한 산책 아니겠습니까?"

이런 식의 말하기는 굳이 상황을 정확히 이해하게 하기보다는, 사건을 보는 시각을 달리하도록 하는 데 그 목적이 있다. 비유란 복잡한 상황을 압축해 표현하는 것이므로, 새로운 생각을 자극하고 각성하게 만드는 한편 사람마다 다른 결론을 내리도록 안내하기 때문이다.

"저는 제가 매일 변하는 것 같아요. 5년 전에 비해 이제는 너무 많이 변한 것처럼 느껴집니다."

"얼마나 바뀌었는데요? 당신과 완전히 반대인 사람이 180도 다른 위치에 있다고 한다면, 당신은 5년 전에 비해 몇 도나 각도를 튼 걸까요?"

"음…. 한 10도쯤?"

"그 정도가 커 보이나요, 작아 보이나요?"

"큰 차이는 아니네요."

"5년간 10도가 변했다면, 1년엔 2도, 1개월엔 1.6도 정도가 되겠네요. 그렇다면 매일의 변화에 민감할 필요는 없지 않을까요?"

"전 이러다가 몇십 년 뒤엔 90도 정도 달라지진 않을까 걱정되는데요?"

이런 경우, 꼭 해답을 구하는 것만이 목적은 아니다. 어떤 사람은 여기서 새로운 시각을 발견할 수도 있고, 어떤 사람은 단순히 비유가 마음에 들지 않거나 이해되지 않는 데서 멈출 수도 있다. 다만, 이것이 상황을 다른 시각으로 볼 수 있는 계기가 되는 것만큼은 분명하다. 이 계기를 시작으로, 상황을 새롭게 해석할 수 있는 것이다.

마음의 흐름을 붙잡다

분노나 애정, 의지하고 싶은 마음 등이 대상을 찾아 흘러가는 것을 느낀 적 있는가? 상사에게 야단맞고 집에 가는 길. 툭 부딪힌 덩치 큰 남자에게는 아무 말도 못 하다가, 괜히 집에 가서 만만한 가족들에게 짜증 내는 사람을 그려보라. 불안과 분노의 감정이 총알처럼 장전되어 있지만 거북한 상대에게는 어떻게든 감정이 새어나가지 않도록 제어하다가, 만만한 상대를 보자마자 봇물 터지듯 감정을 표출하는 모습이 느껴질 것이다. 마치 고인 물이 높은 곳으로는 올라가지 못하고, 낮은 곳으로만 흘러가는 물리적인 현상과 비슷하지 않은가?

이런 감정의 흐름은 자연스러운 것이어서 어느 정도는 어쩔 수 없는 현상임을 받아들여야 한다. 강의 흐름을 알아야 댐을 놓을 수 있듯이, 이런 흐름을 이해해야만 감정이 흐르는 대로 몸을 맡기는 것이 아니라 내가 어디서 감정을 통제하고 어디서 풀어내야 할지 알 수 있다.

어느 날, 어떤 남자가 아내가 새로 구입한 청소기에 발을 찧고 말았다.

"청소기 같은 건 좀 잘 치워놓으란 말이야."

이렇게 투덜거리는 정도는 자연스럽다. 그런데 간혹 여기서 멈추지 않고 폭주하는 이들이 있다.

"내 이럴 줄 알았어. 사놓고 청소도 안 할 거면서 이런 건 왜 여기 둔 거야? 냉장고 관리는 또 어떻고? 아주 썩은 내가 난다고!"

평소 갖고 있던 온갖 불만이 다 튀어나온다. 게다가 이후 몇 날 며칠 동안 이 일이 당최 머릿속에서 떠나지 않는다. 왜 그런 걸까?

'평소 아내에게 불만이 많았나 보군.'

제삼자에게는 이런 추측이 전혀 어렵지 않다. 그러나 당사자에게는 그게 쉽지가 않다. 이럴 때는 상황을 이미지화하여 객관적으로 볼 수 있어야 한다.

'아내에 대한 불만'이라는 '격리된 호수'가 있다고 해보자. 이 호수는 비가 올 때마다 물이 너무 많이 불어난다. 그런데 '청소기에 찧어 다친 발'이 그 호수에 일종의 '수로'를 내버렸다. 그 수로를 통해 불만이 봇물 터지듯 흘러나와 멈출 기미가 보이지 않는다. 이대로 가다간 홍수가 날지도 모르겠다.

이렇게 이미지화를 하면 앞으로 일어날 일이나 대처법에 대해서도 직관적으로 깨달을 수 있다. 즉, 평소 작은 수로를 종종 내어 적당히 물을 뺐어야 했는데, 계속 가둬두기만 한 탓에 넘칠 만큼 호수가 차올랐음을 깨닫게 되는 것이다. 한편 이런 수로가 만들어진 이유('청소기'에 발을 찧은 것)와 평소의 불만(집의 청결 상태)이 유사한 주제라면, 쏟아지는 물을 멈추기가 쉽지 않을 것이란 사실도 눈치챌 수 있을 것이다.

우리는 타인에게 노골적으로 불합리한 감정을 드러내지 않으려 하지만, 가족들과는 정체성을 공유하므로 서로 심리적 거리가 가까워 감정이 직접적으로 나오기 쉽다. 특히 남편/아내, 어릴 때는 아빠/엄마(아빠보다는 엄마가 더 그런 존재다), 커서는 아들/딸이 그 대상이 된다. 가깝다고 느낄수록 더하다. 타인과의 경계와 가족들과의 경계를 이미지로 그려보자. 타인과 나 사이에 두꺼운 커튼이 여러 겹 드리워져 있다면, 가족과 나 사이에는 기껏해야 다 비치는 얇은 천밖에 놓여 있지 않은 것처럼 느껴질 수 있다.

여기서 더 다룰 이야기는 아니지만, 연인·가족 사이에 일어나는 사랑의 감정, 상대에게 내 모든 것을 의지하고 싶은 마음, 사랑이 배신당했을 때의 처절한 감정 들은 이미지화하면 할수록 그 기저에 존재의 불안, 신에 대한 열망, 허무함 같은 깊은 욕망과 이어져 있음을 이해하게 된다. 그 욕망은 우리가 인지할 수 있는 것보다 거대해서, 왜 그런 것이 있어야 하는지, 무엇 때문에 그렇게 되는 것인지 이해하기도 힘들다. 게다가 그 흐름은 고고하고 도도하다. 아무도 모르는 숲속에서 흘러나온 위대한 강과 같은 느낌이다.

그런 흐름을 과연 우리가 이런저런 생각이나 도덕률로 바꿀 수 있을까? 그럴 수 없다고 느끼긴 하지만, 그래도 우리가 할 수 있는 건 이를 열심히 거슬러 헤엄치는 것 외에는 없으니, 일단은 노력하고 살기로 한다.

오리무중일 때는 수학적 분석

인간의 두뇌는 수학적 판단으로 움직인다. 우리의 마음이라는 것도 실은 마찬가지다.

수학이라 해서 복잡한 것은 아니다. 우리는 무의식중에 모호한 감정의 크기를 측정하기 위해 간단한 방정식들을 사용하곤 한다.

초등학생 영철이가 나 보고 다리가 짧다며 약을 올렸다. 화가 났다. 100만큼 난 것 같다. 내가 정순이를 못생겼다고 약을 올렸다. 정

순이가 내게 화를 낸다. 얼마나 화가 났을까? 나는 내가 영철이에게
놀림받았을 때만큼 화가 났을 거라 생각한다.

- 다리가 짧다 = X , 못생겼다 = Y
- X = 100 → X = Y → Y = 100

네가 얼마나 화가 났는지 알겠다고 하니까, 정순이가 말했다.

"다리가 짧다고 놀리는 것과 못생겼다고 놀리는 게 같아? 그건
훨씬 더 심한 얘기야."

나는 정순이가 어떤 기분일지 잘 상상이 되지 않아서 "그럼, 반
에서 1등인 영철이가 나 보고 '공부도 못 하는 게!'라고 하는 것과
같니?"라고 물어봤다. 정순이는 그 정도면 비슷할지도 모르겠다고
말했다.

- 다리가 짧다 = X , 못생겼다 = Y, 공부도 못 하는 게 = Z
- X = 100 → X < Z = Y → Y > 100

별것 아닌 듯하지만, 초등학생 정도면 이런 추상적 개념들을 이
미지화해 간단한 수학적 사고 과정을 거쳐 서로를 비교할 수 있다.

방정식으로 그 사람이 숨기고 있는 진짜 감정이나 생각을 추리해볼 수도 있다. 다음 예를 살펴보자.

"성당 동아리 모임에 사람들이 많이 나오면 이상하게 불안해요."

"동아리에서 뭘 하는데요?"

"그전까지 제가 회장을 맡았는데, 요즘 불안해서 그만뒀어요."

"학교는 어떻게 다니죠? 학교에 가도 불안한가요?"

"네, 불안하긴 한데, 성당과 비교하면 그 정도로 불안하지는 않아요."

"왜요?"

"성당에서보다는 사람들이 저한테 신경 안 쓰는 것 같아서요."

"만약 실험실에서 실험을 왕창 망쳤다고 해봅시다. 교실에 들어가면 어떨 것 같아요?"

"불안할 것 같아요. 저한테 실험을 망친 주범이라고 할 테니까."

이 사람은 왜 성당 동아리 모임에만 참석하면 불안해질까? 그 순간의 사고 구조를 하나씩 정확하게 짚어보자.

이 이야기에서 '시간 순서에 따른 변수 간의 관계'를 '↝'라는 기호로 표기하려고 한다. 현재 위의 대화에서는 '장소 ↝ 증상 ↝ 원인'이라는 구조가 반복되고 있다.

"성당 동아리 모임에 사람들이 많이 나오면 이상하게 불안해요."

"동아리에서 뭘 하는데요?"

"제가 회장을 맡는데, 요즘 불안해서 그만뒀어요."

성당 ↝ 큰 불안 ↝ X

"학교는 어떻게 다니죠? 학교에 가도 불안한가요?"

"네, 불안하긴 한데, 성당과 비교하면 그 정도로 불안하지는 않아요."

학교 ↝ 작은 불안 ↝ Y

"왜요?"

"성당에서보다는 사람들이 저한테 신경 안 쓰는 것 같아서요."

"만약 실험실에서 실험을 왕창 망쳤다고 해봅시다. 교실에 들어가면 어떨 것 같아요?"

"불안할 것 같아요. 저한테 실험을 망친 주범이라고 할 테니까."

실험실 ↝ 큰 불안 ↝ 집단의 기대에 맞추지 못함

X, Y라는 변수가 무엇인지 알기 위해, 비교적 명확해 보이는 쉬운 예를 들어 원인을 찾아내는 것이다. 이 경우, X와 Y는 세 번째 '집단의 기대에 맞추지 못함'과 유사하다고 추정해볼 수 있다.

Y는 불안이 작은 것으로 미루어, 아마도 '학업이나 대인관계 같

은 학우들의 기대에 잘 맞추진 못해도 비교적 만족하고 있는 상태'일 가능성이 크다. 그렇다면 성당 동아리에 가면 불안한 이유(X)는 무엇일까? 성당 동아리 사람들의 기대를 충족시키지 못했기 때문일 가능성이 크다. 본인은 불안해서 회장을 그만두었다고 생각하지만, 그 이전에 리더십 부족으로 인기가 없었거나, 비난으로 상처를 받고 있었을 가능성이 있다.

상담 중 내담자의 질문에 이런 방식으로 답해주면, 쉽게 인정하고 받아들이는 사람도 있고, 절대 그렇지 않다며 부인하는 사람도 있다. 흥미로운 것은 본인이 부인하더라도 판단에 필요한 정보는 자연스럽게 제공하는 경우가 많다는 것이다. 종종 의사는 내담자의 말을 조합하는 것만으로도 결론을 낼 수 있다. 인식되기 이전 뇌는 이미 자신이 왜 그러는지 알고 있는 것처럼 보인다.

이번에는 판단의 옳고 그름을 파악하는 경우를 생각해보자. 대학생A가 친구B에게 갚아야 할 돈 만 원을 깜빡 잊고 가져오지 않았다. 미안하다고는 했지만 아무래도 마음이 불편해서, "혹시 내 휴대폰이라도 너한테 맡길까? 내가 내일 꼭 갖다 줄게"라고 덧붙였다. B는 괜찮다고 했다. A가 집에 가서 떠올려보니 B의 표정이 무심했던 게 자꾸 걸린다. B가 돈이 없다고 나를 무시하지는 않았을까 하는 생각도 들어 마음이 불편하다.

특별할 것 없는 일이 내적인 감정과 이어지면, 잘못 해석되기 쉽다. A의 경우도 마찬가지다. A가 그런 결정을 내린 과정과 실제 B가 느낀 감정을 추리해보자.

　이 상황에서는 몇 가지 변수가 있다. 일단 만 원은 대학생에게 시급하게 갚아야 할 만큼 큰 액수라고 보기 어렵다. 그리고 B는 내일이라도 만날 수 있는, 사소한 잘못은 용인해줄 수 있는 친구다. 따라서 A가 B에게 휴대폰을 맡기겠다고까지 한 것은 과해 보이며, 오히려 친구 사이에 이런 말을 하다니 거리감마저 느껴진다. A는 자기가 돈이 없었던 부분에 초점을 맞추려 하지만(A 스스로 자신이 부유하지 않다는 점에 콤플렉스가 있을 가능성이 크다), B는 A의 과한 표현이나 눈치 없는 말에 불편했을 가능성이 있다. 물론 아무 감정도 없었을 가능성이 더 크다.

- 빨리 갚지 않아도 되는 액수 = 만 원 < 큰 액수 = 빨리 갚아야 하는 액수
- 빨리 안 갚아도 허용해주는 사이 = 친구 ≠ 서먹한 사이 = 빨리 갚아야 하는 사이
- 휴대폰 = 대략 50만 원 >>> 만 원
- 담보의 사용 = 서먹한 사이 ≠ 친구
- 휴대폰의 담보 제안 ≠ 친구

　상황을 정리하면, 이와 같은 일련의 공식을 세울 수 있다. 만약 여러분이 A의 오류나 B의 감정을 금방 눈치 챘다면, 이런 논리를

아주 빠른 시간에 두뇌로 연산해냈다는 뜻이 된다. 여기에 추가되는 정보가 있을 수 있다. 이를테면, A가 하루 끼니도 잇기 힘든 상황이 거나, 어릴 때부터 가난으로 인한 콤플렉스가 있을 수도 있고, B가 굉장히 구두쇠거나 A를 싫어하는 상황일 수도 있다. 이런 추가되는 정보들에 따라 일련의 논리들이 재정립되며, 이때 어느 정보에 초점을 맞추느냐에 따라 상황에 대한 최종적인 해석이 달라질 수 있다.

변수가 너무 많을 때는 모든 경우의 수를

학생 때 수학 시험을 보다가 방정식에서 모르는 변수가 너무 많이 나오면, 일일이 숫자를 대입해 답을 찾곤 했다. 마음을 추리할 때도 마찬가지다. 정확히 맞아떨어지는 경우가 자주 나오는 것은 아니어서, 그럴 땐 자신이 아는 모든 경우의 수를 다 대입해가며 답을 찾기도 한다. 당연히 직·간접적인 경험이 많을수록 적중할 가능성이 커진다.

"내가 오늘 수업을 안 듣겠다고 했더니, 어머니가 심하게 화를 내셨어요."

"왜 그렇게까지 화를 내셨을까요?"

"글쎄요. 대학생이니까 수업에 빠질 수도 있다고 생각하는데."

'왜 어머니가 화를 냈는가'라는 문제를 풀어보자. 어머니의 경우를 X로, 아들의 경우를 Y로 잡고, '변수 X가 X 혹은 Y 때문에 화가 났다'라는 명제를 만든다. 즉, 다음과 같이 두 가지 가정을 세우는 것이다.

- 어머니 X가 어머니 X 스스로의 문제로 화가 났다.
- 어머니 X가 아들 Y 때문에 화가 났다.

어머니가 화났다는 사실에는 변함이 없지만, 화난 이유는 적어도 두 가지로 살펴볼 수 있다. 이 두 가지 명제들을 각각 다시 분류할 수 있는데, 먼저 만성적인 것인지 일시적인 것인지 분류하고, 다시 어머니에 대한 아들의 반응을 고려해 분류한다. 이러한 분류는 해석자의 평소 경험에 따라 그 기준을 정할 수 있다. 치료자인 내 입장에서는 문제가 만성적인 경우 개입해야 하지만, 일시적인 경우 굳이 문제의 원인을 따질 필요가 없다. 문제가 있다고 해서 꼭 풀어야 하는 것은 아니니까.

대인관계는 항상 서로 간의 상호작용으로 만들어지는 것이므로 어머니의 생각을 읽기 위해서는 아들의 반응 역시 반드시 알아야 한다. 다른 사람이라면 분노의 정도, 시간 등 다른 기준으로 분류할지도 모른다. 더 많은 변수를 고려할 수도 있지만, 다음과 같은 정도면 충분하다.

	X ⤳ X	X ⤳ Y
만성적	① 어머니가 항상 화를 잘 내는 사람이어서 이번에도 쉽게 화를 잘 냈다. → 그렇다면 이 사람이 어머니의 잦은 분노로 힘들다고 말할 수 있어야 한다. → 그러나 그런 말은 없다. 아들이 어머니에 대한 불만을 억제하고 있는지 생각해 볼 수 있다. 가능성이 있다.	③ 아들이 그동안 어머니를 너무 화나게 만들었다. → 그전에 학교에 내내 안 갔거나, 뻔뻔한 태도로 일관했을 수 있다. 가능성이 있다.
일시적	② 어머니가 무슨 이유에서인지 이번에만 그랬다. → 어머니가 요즘 기분이 안 좋을 수 있다. 그렇다면 아들이 놀랐어야 한다. 하지만 아들의 감정 변화가 적었다. 가능성이 적다.	④ 어머니는 등교가 아닌 아들의 다른 문제로 화가 난 것이다. → 버릇없는 말을 하거나 엉뚱한 얘기를 했을 수 있다. 아들과 어머니 사이에 적절한 소통이 없을 수 있다. 가능성이 있다.

나는 이 네 가지 가설에 대해 아들에게 질문할 텐데, 각각에 대해 잘 설명하지 못할수록 문제의 원인은 점점 더 아들에게 초점이 맞춰지게 된다. ①의 경우라면, 아들은 자신에게 불만이 없다고 주장하면서 말을 회피할 것 같다. ③의 경우라면, 아들이 자신의 정보를 잘 드러내지 않고 비협조적일 것이다. ④의 경우라면, 아들이 어머니를 비난하거나 시큰둥한 표정을 지을 것 같다. 이런 식으로 아들의 반응을 보고 드러나지 않은 상황을 추리하게 된다.

자신의 문제를 스스로 파악할 때도, 마치 남을 분석하듯 질문을 던지고 경우의 수를 나누고 일일이 상황을 대입해보아야 한다. 평소 논리적으로 생각하는 습관도 필요하겠지만, 더 중요한 것은 자신을 정당화하려는 무의식적인 방어기제들이다.

내 말을 객관적으로 보기 위하여

자신의 말이 과연 남에게 어떻게 들리는지 알고 싶다면, 자기 의견을 2~3줄 정도의 짧은 문장으로 쪽지에 쓰고, 주어를 '나'가 아닌 제삼자로 바꾼 후 자신의 이야기로 생각하지 않으려 노력하며 읽어보라. 금방 읽지 말고, 며칠 있다가 읽어보는 게 더 생소하게 여겨져 좋다. 자신의 정신을 보호하려는 기제가 머릿속에서 사라지면, 정확한 해석이 더 쉬워진다.

"나는 어제 회사에 나가지 않았다. 너무 피곤해서다. 요즘 일이 많아서 머리도 아프고, 팔도 쑤시는 터라 하루쯤 쉬어도 좋다고 생각했다."

어떻게 느껴지는가? '많이 피곤했나 보구나. 그렇지. 하루 정도는 결근해도 괜찮지'라고 느꼈을 것이다. 여기서 주어인 '나'를 다른 사람으로 바꿔본다. 나와 가까운 사람은 아무래도 호의적으로 보는 경우가 많으므로, 나와 사이가 나쁜 사람으로 넣어보자.

"김 부장이 어제 결근을 했다. 너무 피곤하단다. 요즘 일이 많아서 머리도 아프고, 팔도 쑤시는 터라 하루 정도는 쉬어도 좋다고 생각했다고 한다."

좀 다르게 읽히지 않는가? 김 부장은 어떤 사람으로 느껴지는가? 김 부장의 이면에 대해 묻고 싶어지지 않는가? 과연 내가 쉬는게 맞다는 생각이 드는가? 다른 예를 한 번 더 들어보자.

"나는 아무래도 지금 여자친구와는 어울리지 않는 것 같다. 솔직히, 내가 생긴 것도 낫고, 경제적으로도 훨씬 안정돼 있다. 무엇보다도 여자친구가 내 마음을 너무 몰라준다. 더 좋은 사람을 만날 수 있을 것 같다는 생각이 든다."

이 글의 주어 또한 평소 알고 지내는 친구 이름으로 바꿔보자.

"친구 영철이가 아무래도 지금 여자친구와 자기는 어울리지 않는 것 같단다. 솔직히 자기가 생긴 것도 더 낫고, 경제적으로도 자기가 훨씬 안정돼 있다고. 특히 여자친구가 자기 마음을 너무 몰라준다고 한다. 그 친구와 헤어지고 더 좋은 여자를 만날 수 있을 것 같단다."

이렇게 적어놓으면 금방 이해가 될 듯하다. 아마 영철이에게 하고 싶은 말이 무척 많이 떠오를 것이다.

말 속에 숨은 의미를 찾을 것

정신과 의사나 형사 들은 상대의 말을 있는 그대로 듣지 않는다. 지금 화가 난 게 아니라고 하든, 내가 안 죽였다고 하든, 그건 그 사람의 말일 뿐이다. 말의 내용이 어떤가에 주목하기보다는 '말투가 어색하진 않은가' '잘 쓰지 않는 단어를 사용하진 않았나' '어색한 부분을 강조하고 있는가' 등을 따진다. 즉, 그 사람의 말과 일관되지 않은 부분에 숨겨진 의미를 추리하는 것이다.

예를 들면, 여태껏 부모와 사이가 좋다고 이야기한 사람이 이렇게 말한다.

"아버지가 간경화가 있어요."
"걱정 많이 되겠네요."
"그렇지도 않아요."

본인은 의식하지 않고 짧게 한 말이라고 생각하겠지만, 예리한 사람이라면 다음의 세 가지 개념 간에 어색함을 느낄 것이다.

부모와 사이좋음 – 간경화는 술과 흔히 관련됨 – 아픈 아버지가 별로 걱정되지 않음

내가 '무언가 이상한데?'라고 느껴도 상대는 자신의 무엇이 드러난 것인지 잘 모른다.

이렇듯 마음을 분석한다는 것은 말 뒤에 숨은 여러 가지 의미들을 가늠해보는 것이라고 보아야 한다. 어떤 말에는 누구나 이해할 수 있는 사회적인 선입견부터 개인만이 이해할 수 있는 사적인 감정과 경험이 배어 있다. 한편 누군가의 말투를 여러 번 듣다 보면, 그가 반복하는 핵심 구조를 뽑아낼 수 있다.

"한번 가서 먹어보세요."
"제가 거기 가봤는데, 별로 맛있지는 않더라고요."

"사람들하고 친하게 지내세요."
"고등학교 때는 애들하고 친하게 지내려고 해봤는데, 그래 봐야 대학 가니 별 수 없더라고요."

"차라리 먼저 사과하는 게 어때요?"

"사람들한테 사과 많이 해봤죠. 그런데 나중에 결국 뒷담화를 하더라고요."

이 말들의 공통적인 구조가 보이는가? 바로, '내가 해봤는데 안 되더라'라는 것이다. 이런 말들은 누가 많이 할까? 일반적인 선입견 대로 말하자면, '꼰대' '중년' '아저씨' '아줌마'가 생각날 것이다. 무의식중에 이런 말을 자주 쓰는 사람이라면, 주변 사람의 조언으로부터 스스로를 방어하기 위해 내면의 거만한 중년이 잠시 자아를 잠식했다고 보아야 한다.

흥미로운 것은 저런 말투를 쓰는 10~20대들을 자주 보게 되는데, 정작 본인은 그렇게 말하는 사람들을 무척 싫어하고 비난한다는 것이다. 자기가 제일 싫어하는 사람이 사실은 자기와 가장 닮은 사람이란 말은 여기에도 적용되는 듯싶다. 이들이 어떻게 성장할지는 자명한 일이다.

말 이외에도 외모와 행동 사이의 부조화를 느끼는 순간, 진실을 깨닫는 경우도 있다. 점잖은 분에게 "죄송합니다만, 이런 일을 하실 분이 아닌 것 같은데…"라고 말하게 되는 상황이 있다. 상대의 말투나 표정이 현재 그가 하는 일과 일치하지 않는다고 느낄 때 나오는 말이다.

초보 정신과 의사 시절, 모델 출신으로 연예계 생활을 하다가 수

많은 고난을 겪었다던 허언증 환자를 본 적이 있다. 그때만 해도 순진해서 누가 그렇다고 얘기하면 다 믿던 시절이라, 그녀의 말을 모두 믿고 선배들 앞에서 병력 발표를 했다. 그런데 선배는 아주 간단하게 그녀가 허언증 환자임을 파악했다.

"그 키에 모델일 리가 있나. 처음부터 다시 물어봐."

망치가 필요한 순간

이번 장에서는 '심리적 방어'라는 문제에 대해 알아보려 한다. 실제 임상에서, 내담자의 심리적 방어는 정말 중요한 주제다. 배울 때는 몇 장 안 되는데, 막상 진료실에서는 가장 인내심을 가지고 시간을 많이 들여야 하는 부분이다. 너무 간단한 심리적 인식을 10년째 받아들이지 못하면서 병원만 다니는 사람도 있고, 적극적으로 치료하기를 원하지만 내면의 복잡한 역동으로 인해 스스로 치료를 방해하는 사람도 있다. 이를 모두 해제하고 나면, 그 사람이 평생 타인을 상대하던 습관들을 해석하고 더 성숙한 형태로 바꿔야 한다. 어떨 때는 치료 내내 내담자의 방어기제만 다루다 끝나기도 한다.

자기 마음을 들여다보려 할 때도 마찬가지다. 인간에게는 자신을 정당화하려는 본능이 너무나도 커서, 이를 거스르고 자기 상태를 객관적으로 보는 것이 참 쉽지가 않다. '생각해보니 내가 잘

못했네'라고 깨닫더라도, 불과 며칠 후에 '그 생각조차 나의 위선이었나' 하는 새로운 깨달음을 얻기도 한다. 끝없이 자기를 불편하게 하며 재분석하는 것만이 객관화라는 영역에 도달할 수 있는 유일한 길이다.

심리적 방어라고 하면, 타인이 나를 비난하거나 내게 참견할 때 짜증을 내고 못 알아들은 척하는 것, 타인이 내 속마음을 알아볼까 봐 일부러 엉뚱한 표정을 짓는 것 등 타인의 접근에 대한 방어를 먼저 생각하게 된다. 그러나 인간의 내면은 불합리한 본능과 이성 사이의 갈등으로 가득해, 자신의 본능을 만족시키는 한편 양심에 위배되지 않도록 하는 여러 가지 내적 기제들도 매우 중요하다. 마음이 편안하도록 중재하는 모든 시도들이 방어기제라 볼 수 있다. 자신의 욕망과 의지, 도덕으로부터 자신을 지켜 정체성이 깨지지 않도록 유지하는 것도 심리적 방어의 중요한 기능이다.

그 사람의 정신적 세계를 하나의 집에 비유한다면, 외부를 향한 방어는 집의 담벼락이나 외벽, 대문에 해당하며, 자신의 내부를 향한 방어는 집을 보호하는 난방 구조, 보안 시스템, 효율적 방 구조 등에 해당한다고 볼 수 있다. 인간 내면의 진면목은 그 집에 살고 드나드는 사람이나, 책, 가구 등의 물건에 해당하겠지만, 사회적으로 드러나는 개성은 세상에 맞서 자신을 관리하는 방식인 방어기제에서 드러난다. 어떻게 보면 우리에게 실용적으로 필요한 건 그 사람의 방어 방식을 아는 것 정도일지 모른다.

여기에서는 타인과의 상호작용에서 나타나는 방어, 자신을 관찰할 때 일어나는 방어, 이론화되어 있는 상대를 공격/방어하고 나를 지키는 여러 가지 기제들을 설명한 후, 마지막으로 좀 더 복잡한 형태의 자기 방어에 대해 설명할 것이다.

각양각색 심리적
방어의 모습

먼저, 타인이 접근할 때 벌어지는 심리적 방어를 수준별로 살펴보려고 한다. 상대가 무언가를 물어봤을 때 노골적으로 말하기를 거부하는 경우부터, 어느 정도는 밝히지만 자세한 표현은 삼가거나 혹은 상대에게 매우 협조적으로 대하는 듯싶지만 실제로는 자기의 진짜 문제는 감춰버리는 경우도 있다. 후자로 갈수록 비교적 성숙한 모습에 가깝다고 볼 수 있다.

인식 자체가 부족한 이들

병원에서 만나게 되는 내담자들의 방어는 천차만별이지만, 가장 노골적인 심리적 방어에는 다음과 같이 인식 자체가 부족한 경우들이 있다.

〈사례1〉

"어떤 문제로 오셨죠?"

"그건 왜 물어보시죠?"

"병원에 오셨으니까요."

"아, 참."

〈사례2〉

"어떤 문제로 오셨죠?"

"네, 배가 아프고 설사가 심해서요."

"저, 여기는 정신건강의학과인데요."

"네. 근데 내과에서 여기로 가라고."

"최근에 스트레스받은 일은 없었나요?"

"네. 아무 일도 없었는데요."

"하시는 일은 어떠십니까?"

"아, 이번에 회사에서 잘렸네요."

"혹시 그게 스트레스 요인 아니었을까요?"

"아뇨. 저도 마음의 준비를 하고 있었기 때문에, 딱히 스트레스를 받은 건 아니에요."

사례1의 경우, 이런 사람이 있나 싶지만 실제로 수년에 한 번 정도는 경험하게 된다. 낯선 상황이라 당황해서 그런 거라고 생각할 수 있지만, 그러기엔 대답이 너무나 자연스럽다. 이런 사람은 평소 자신의 내면이 드러나야 할 때 일단 감추고 보려는 성향이 강한 편이다. 실제로, 이후 그냥 진료실에서 나가버리거나, 상태나 증상에 대한 질문에 모호하게 대답하다가 다시 내원하지 않는 이들이 대부분이다.

사례2와 같은 경우는 하루에도 여러 번 마주한다. 자신의 몸에 일어난 증상이 심리적 스트레스로 인한 것이라는 사실을 이해하지 못하는 이들이다. 우리의 뇌는 평온하게 누워 있을 때조차도 많은 일을 하는데, 잠재적인 사고, 갑작스러운 변화에 대한 대비는 물론 온도나 위치 변화에 따라 모공과 땀샘, 근육, 혈압 등 몸의 모든 기능을 조절한다. 대뇌에 지속적인 스트레스를 받으면 이런 자율 신경 기능에 문제가 생겨 호흡이 가빠지거나 심장이 빨리 뛰고 소화가 안 되고 머리가 아프거나 어지러울 수 있다. 우리가 몸이 안 좋다고 여기는 것은, 이렇듯 대개 뇌의 교감·부교감 신경의 조절 문제에서 비롯된다. 이를 잘 모르면, 막연히 자기가 큰 병에 걸린 것으로 생각하게 된다.

이런 이야기에 쉽게 수긍할 수 있다면 그 사람은 그저 마음 인식이 서툴다거나 지식이 없는 것으로 결론 내릴 수 있다. 그러나 심리적 문제와 신체적 현상의 관계에 관해 설명했을 때 심하게 불신을 드러낸다면, 그는 자기 내면이 드러나는 것을 두려워하고 있다고 보아야 한다. 이런 모습은 현재 50대 이상의 남성들에게서 많이 보이는데, 이들은 감정을 남성성에 위배된다고 느끼고 의사(특히 남자 의사)의 의견을 위협적으로 받아들이며 인식을 거부하는 경향을 자주 드러낸다.

그 외에 배우자에게 심한 스트레스를 받으면서도 한편으로는 크게 의지하는 사람의 경우, 신체 증상이 배우자 때문이라고 생각하는 순간 드러나는 감정(분노나 우울감)을 감당하기 어려워한다. 때로는 상대에게 더 이상 의지하지 못하게 될까 두려워 감정 인식 자체를 거부하기도 한다.

이런 상황은 일상에서도 자주 볼 수 있다. 너무 자주 지각을 하거나 자주 중요한 일을 빼먹어서 의도적인 것처럼 보이는데, 정작 본인은 모르겠다고 잡아떼거나 화를 내는 사람이 있다. 도대체 왜 그런 식으로 행동하느냐고 물어도 "내가 뭘?" 하면서 고집을 피운다. 이들은 마음을 꽁꽁 감추고 단 한 조각도 남에게 보여주지 않으려고 한다.

방어인지 인식하지 못하는 것인지 파악할 수 없는 애매한 방어는 전적으로 무의식 수준에서 일어나는 것이어서, 스스로에게조차 거짓말을 한다고 보아야 한다. 머릿속에 떠올린 말들만 자기 생각이라고 여기지, 자신이 잘 이해하지 못하는 의도나 기전이 있다는 것을 생각하지 못하는 것이다. 이는 일종의 자기기만이어서, 자신을 정당화시켜주긴 하지만, 그 때문에 심리적 증상과 사회에서의 소외에 시달릴 수 있다. 나중에 정리할 텐데, 인식 자체를 거부하는 것만큼 강력한 방어도 없다.

불편한 주제를 피하는 이들

자신의 마음을 어느 정도까지는 표현하나, 자신이 불편해지는 상황을 피하는 경우다. 아마 나를 실제로 찾았던 내담자들은 피식 웃을지도 모르겠다. 나는 내담자들을 마주하면, 대개 첫인사로 이런 질문을 던진다.

"이번 주는 어떠셨습니까?" "그동안 어떤 일이 있었을까요?" "무슨 생각을 하면서 보내셨나요?"

답변은 대부분 다음과 같다.

"잘요…." "아무 일도 없었는데요?"

가족 문제나 대인관계 문제가 복잡하게 얽혀 있음에도 단순한 답만 반복하곤 하는 것이다.

갑자기 생각난 듯이, "아참! 정말 안 좋았어요!"라고 한 후, 증상 악화나 약물 부작용 등에 대해 한참 이야기하는 내담자도 있다. 간신히 얘깃거리를 찾아내어 기쁜 표정이지만, 듣는 의사 입장에서는 그런 소식이 그다지 기쁜 이야기는 아니다. 그런 이야기의 의도는 "실은 내 삶에 대한 진지한 이야기를 하는 것이 너무 불편합니다"에 가깝기 때문이다. 이럴 때는 상담자가 나서서 내담자의 불필요한 이야기를 간단히 끝내버리거나, 억지로 내담자의 손을 잡아 끌 필요가 있다.

낯선 의사 앞에서 자신의 내면을 이야기한다는 것은 상당히 불안한 일이다. 그러다 보니 생각을 멈추거나, 증상에 따른 약물 처방을 받고 싶다는 식으로 마치 내과를 찾은 듯 행동하며 심리적인 대화를 피하려고 하는 무의식적인 방어가 발생한다. 그래서 의사들은 농담처럼, 사람들이 정신과에 와서는 배가 아프다고 하고, 내과에 가서는 가정사를 토로한다고 불평하기도 한다(물론 여기에는 해당 의사의 특성도 한몫하고 있을 것이다).

일상에서 흔히 마주치게 되는 상황에서도 주제를 회피하는 말투가 자주 나타난다. 상대의 관심이 나의 내면을 향할 때 이를 피하기 위한 몇 가지 트릭이 있다. "아뇨" "근데요" "모르겠는데요" "네네" 같은 말들이 그렇다. 세 살 아이들도 어떻게 깨달았는지 이런 말투를 곧잘 쓰곤 한다. 상대의 말을 효율적으로 튕겨내는 데 최고지만, 주변 사람들이 나를 은근히 불편한 사람으로 여기게 만드는 말버릇인 것만큼은 분명하다.

"아까 이거 네가 한다고 그러지 않았어?"

"아니."

"내가 뭐라 하려는 게 아니야. 네가 아까 한다고 그랬잖아."

"근데…. 너 오늘 몇 시에 나가?"

"딴말 하지 말고. 물어본 거 대답 좀 해주면 안 될까?"

"하아. 모르겠는데."

"(화가 나서) 아니 모르겠다면 다야? 왜 별것도 아닌 일로 고집을 피워?"

"아, 네네."

이렇게 4단 콤보를 이룬다. 듣는 사람 입장에서 어떤 감정이 들지 읽어만 봐도 알 수 있을 것이다.

상대와의 대화를 단절시키는 말투는 그 외에도 많다. "그건 아니죠" 같은 단정적인 말투라든가, 말의 핵심은 피하고 말꼬리를 잡는 행위, 과도할 만큼 상대에게 적대적인 태도, 미래에 대해 논의하자는데 "친구 중에 미래라는 애 있는데"라며 농담을 해버리거나, 모두 진지한 분위기인데 이상한 웃음소리를 내어 방해하는 것 모두 자신을 방어하려는 행동들이다.

이런 행동들은 모두 자신의 미숙함을 숨기고 자기주장을 돋보이게 하려는 의도에서 나오는 것이다. 안타깝게도, 이런 행동을 하는 사람들은 자기 자신을 맹신하거나 그렇게 말하는 게 멋있다고 여기는 경향이 있다.

내게 익숙한 것에만 마음을 여는 이들

마음이 성벽이라면, 지금까지 제시한 방어들은 외벽에 가깝다. 타인이 쉽게 접근하는 것을 막는 것이다. 조금 더 가까이 가려고 하면 노골적으로 화살과 대포를 쏘는 사람도 있고, "정문으로 오지 않으면 절대 얘기하지 않겠소"라고 하며 막무가내로 쇄국정책을 펴는 사람도 있다. 정문이란 '자신에게 익숙한 주제'로, 보통은 자기 사업, 돈벌이, 아이 교육, 골프, 공부 등이기 쉽다. 이들은 자신이 정해놓은 전형적인 대화의 길에 상대가 따라 들어갔을 때에만, 속마음을 보여준다.

"오늘은 피곤해 보이시네요. 이번 주 잘 보냈어요?"
"일하느라 바빴죠 뭐."
"전에도 얘기했지만, 좀 쉬세요. 맨날 밤새 일하니까 항상 피곤해 보이죠."
"먹고살려면 별 수 있습니까?"

"평소에 시간 나면 취미활동이나 여가생활 안 하세요?"
"시간이 어디 있어요. 시간 나면 돈 벌어야지. 자든가."

사회에서 제시하는 이른바 '정상적인 인간'의 조건이라는 게 있다. 돈, 스마트폰, 지위, 교육, 아파트, 자동차 같은 것들. 이런 조건들은 깊은 생각 없이도 사는 목표를 쉽게 제시해주며, 이를 충실히 따르는 한 자신이 이 사회의 정상적인 인간이라는 감각을 가질 수 있게 해준다.

앞선 대화에서 등장했던 사람은 흔히 보게 되는 중년 남자로, 이들은 스스로의 존재 가치를 항상 '돈을 버는 것'이라고 여긴다. 돈을 잘 벌면 스스로 가치 있는 사람이라 여기며, 병도 없는 것 같고, 모두가 자신을 사랑하는 것처럼 느낀다. 대화 상대도 이 기준을 통과해야 자신과 같은 인간이라 느끼고 마음을 터놓을 수 있다. 마음의 성벽이 굳건하진 않은 대신, 일단 통과시킨 후 잦은 검열을 하거나, 함정을 파서 상대가 걸려들면 더는 대화를 진행하기 어렵게 만들거나, 어떤 영역에 들어가면 통과하기 어려운 미로에 빠지게 하거나 한다.

"야 너 왜 이리 기분이 안 좋아 보이냐?"
"응? 좀 기분이 안 좋네."
"표정이 딱 남자 문젠데."

"하하. 응. 남자 문제 맞네."

"근데 너 남자친구 없잖아."

"그러게. 남자친구가 없어서 내가 이런가 보다."

답하는 사람은 상대가 내 마음을 확인하고 싶어 나에게 접근하는 말들을 그냥 있는 그대로 받을 뿐이다. 공격적이지도 않고 상대가 한 말을 무시하는 것 같지도 않지만, 자신의 마음은 보여주지 않는다. 성 안으로 들어오려는 사람 입장에서는 마치 통과 지점마다 회전문이 있는 것 같아서, 분명 들어갔다고 생각하지만 어느 순간 다시 밖으로 나와 있는 것처럼 느낀다.

"그럼 짝사랑이네. 누군데?"

"너는 뭘 말해도 다 남자 얘기잖아. 그리고 보니 너 좋아하는 남자 배우 ○○○ 이번에 영화 찍었더라? 우리 삼촌이 얘기해줬어."

"어, 진짜야? 무슨 영환데? 빨리 가르쳐줘. 내가 ○○○ 정말 사랑하잖아."

"그게…."

상대에게 살짝 함정을 파서 가장 좋아하는 연예인 이야기로 방향을 돌려버렸다. 이들의 대화는 아마 몇 분간 배우 이야기나 남자 이야기로 이어지다가 끝맺을 가능성이 크다.

이 밖에도 갑자기 어려운 이야기를 시작하거나 말을 복잡하게 해서 상대의 흥미를 흐리는 경우도 있는데, 이는 마치 상대를 말의 미로에 가두는 것과 같다.

방어벽은 여러 겹

여기서 한 발 더 나아가면, 타인의 의견을 충분히 받아들이는 것처럼 보이지만 실제로 중요한 부분에 이르러 상황 인식을 피하는 경우도 있다.

다른 사람들이 자신을 피한다고 생각하는 30대 내담자가 있었다. 자신은 외모도 괜찮고 성격도 좋은데, 집에 돈이 없고 옷차림도 볼품이 없어서 사람들이 자신을 피한다는 것이다. 나는 그의 옷이 비싸 보이지는 않지만 깔끔해 보이며 남들이 당신을 그렇게 볼 이유가 없다고 설명해주었고, 이에 그 내담자 역시 내 이야기에 어느 정도 동의가 되었다.

그는 나이나 경험치에 비해 사람을 파악하는 시각이 매우 미숙한 편이었다. 그래서 다음 단계로 그에 대한 논의를 해야 할 필요가 있었다.

"감사합니다. 말씀 듣고 제 옷이 문제가 아니라는 걸 알았어요.

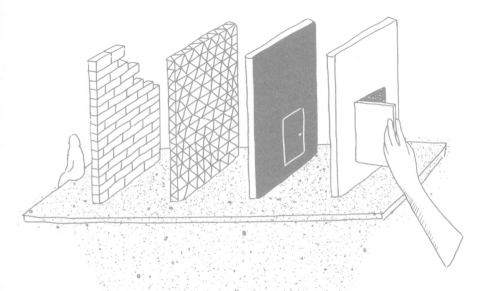

보통은 그냥 자기 일이 바쁘니까 피한 거겠죠?"

"맞아요. 본인이 거기까지 확신이 생겼다면, 이번엔 이렇게 생각해봅시다. 혹시 나를 피한 건 아닐까? 옷 말고 내게 다른 문제가 있었던 건 아닐까?"

"어, 그런 생각을 할 필요가 있을까요? 전 이제 아무도 날 피하지 않는다는 것을 알았고, 평화를 얻었는데요."

"정말 확신이 생겼다면, 그런 가정을 해보는 걸 두려워해선 안 됩니다. 대인관계는 기본적인 틀만 갖춰지고 나면, 서로의 성격적인 측면이 더 중요하게 작용하니까요."

"저는 성격 좋은데요."

최초의 진입에서는 방어를 깰 수 있었지만, 두 번째 진입 시도는 실패하고 말았다.

내 최종 목적은 이 사람의 미숙한 인격 구조를 개선시키는 것이었으나, 이 사람은 무의식중에 자신의 약한 부분을 보호하려 들었다. 즉, 자신의 실제 정신 상태를 깨닫게 하려는 모든 시도에 저항했다. 자기 생각에는 집에 돈이 없는 것만이 문제인데, 자기 자신에게 문제가 있다는 것을 깨닫는 순간 절망에 빠질까 봐 두려워하는 것이다. 그래서 타인이 자신의 마음에 들어오려 하자, 현관문까지는 쉽게 들여보냈지만 집 안으로는 절대 통과시켜주지 않았다.

자기 스스로 만들어낸 방어 역시도 이런 패턴의 연장선상에 놓여 있다.

"아, 내가 믿고 기댈 만한 친구가 주변에 없는 건 결국 돈이 없어서였군." "내가 지금까지 성공하지 못한 건 타고나길 사주팔자가 안좋아서였구나."

이처럼 집착하던 문제가 자기 자신에게 기인했음을 깨닫더라도, 과연 그것이 올바른 결론인지에 대해서는 고개를 갸우뚱할 수밖에 없다.

자기 자신이 방어를 하거나 저항하는 포인트를 알기 위해서는, 평소 자신의 사소한 감정들에 예민해질 필요가 있다. 타인과 대화할 때 약간 말하기 불편한 주제, 대화하기 어색한 주제, 상대의 놀림에 순간 발끈하는 지점을 놓치지 마라. 예를 들어, 친구끼리 화기애애하게 이야기를 나누다가 갑자기 누군가가 "너 바보지?"라고 하면 기분이 어떨까? 당연히 기분 나쁘다는 사람도 있겠지만, 상황에 따라 장난으로 넘긴다는 사람도 있겠고, "앞뒤 맥락을 봐야죠"라고 반응하는 사람도 있을 것이다.

상대의 의도와는 별개로, 이때 내가 느끼는 감정은 상대의 말이 자신의 콤플렉스를 건드리느냐 아니냐에 달려 있다. 이 말을 듣고 곧바로 불쾌해진 사람은 지적인 부분에 자신이 없거나, 상대가 자신을 비난할까 봐 조심하고 있다고 보아야 한다. 이 말을 장난으로 여기는 사람은 자존감이 상대적으로 높거나 상대를 신뢰하고 있는 것이며, 앞뒤를 살피자는 사람은 신중한 성격이거나 내 질문 자체를 경계하고 있을 가능성이 있다.

타인과 접촉하게 되는 이상, 아무리 조심해도 우리 내면은 드러날 수밖에 없다. 자꾸 숨기려 할 것이 아니라, 차라리 자신을 잘 이해하고 적당히 드러내는 것이 나 자신에게나 상대에게나 훨씬 자연스럽고 건강할 수밖에 없다.

자기 방어를
깨뜨리는 법

조금 이상한 일이지만, 자기 마음을 파악하려 할 때도 자기가 만든 방어막을 스스로 뚫고 들어가야 한다. 오히려 내가 나를 뚫는 게 더 힘들지도 모른다. 내 마음의 성으로 들어가려면 성벽을 더듬어 모양을 짐작하고, 함정에 일일이 빠져가며 구조를 파악하고, 내면의 기억과 감정의 미로가 어떻게 연결되어 있는지 하나씩 짚어보아야 한다. 그래야 자신의 전체 그림을 파악할 수 있다.

그중 겉으로 드러난 방어 패턴은 예상 외로 너무나 다채로워서, 우리가 사회적 정체성이라고 부르는 것들 대부분이 방어 양식으로 꾸려져 있을 정도다. 속생각이야 어떻든 타인을 대하는 말, 행동 양식이 그 사람을 규정하지 않던가.

앞서 이야기했듯이, 우리에게는 스스로를 볼 수 있는 감각기관이 없다. 따라서 우리의 행동과 표정은 타인들에 의해 파악되며, 남을 보고서야 마음속에 심리적 표상을 형성할 수 있다. 자신을 파악하기 위해서는 남을 거울 보듯이 비춰보고, 남의 평가를 듣는 수밖에 없다. 우리 몸 대부분이 피와 근육, 뼈로 이루어져 있는데도, 겉으로 드러난 피부가 우리 전체를 대변하는 것과 마찬가지로 말이다. 게다가 내장, 기관, 근육 등의 느낌은 본인만 알 수 있지만, 실제로 병이 있는지, 각 기관이 어떻게 작용하는지는 의사나 해당 전문가가 더 잘 알고 있을 것이다(물론 건강관리나 운동은 다시 본인 몫이겠지만).

이제 자신의 방어 패턴이 어떻게 작용하는지 파악하고 그 덫에 쉽게 걸리지 않는 방법을 구체적으로 이야기해보려 한다.

계속해서 '왜'라고 묻고 답하라

먼저, 자기가 한 행동에 대해 '넌 왜 그런 행동을 했니?'라는 질문을 던져보라. 그에 대답하고 다시 질문하면서 대화를 이어나가는데, 아마도 처음 해본 사람이라면 질문을 2~3회 이상 진행하기 힘들 것이다. 아무리 생각해도 답이 안 나오면 일단 기억을 해두거나 메모를 해두어도 좋다. 나중에 그 일련의 대화를 재평가해보고, 답이 이상하다면 다시 답을 내고 또 질문을 해보자.

아주 간단한 것부터 해보자. 여러분은 오늘 김밥 가게에 가서 제일 싼 기본김밥을 사 먹었다. 아주 당연해서 물어볼 필요도 없을 듯한 질문 "왜?"를 던져보자. 답이 좀 짧다면, "정말?"이라고 묻자. 어느 정도 답변이 되면, 정리를 해준다. 그리고 다시 "왜?"라고 묻는다.

"왜?"

"돈이 없어서……."

"정말?"

"아니, 돈은 좀 있었지. 다이어트 하느라….."

"정말?"

"음…. 아니, 사실 칼로리야 비슷하지. 그러고 보니 난 참치김밥을 제일 좋아하는데. 아침부터 그걸 먹기는 좀 느끼했어. 그러고 보면, 음…. 맛이 깔끔해서였던 것 같아."

"그러니까 깔끔하게 간단한 걸 먹고 싶었던 거네, 그치? 그런데 왜?"

"정리 잘 했네. 거기에 왜가 또 왜 나와?"

"그래도 왜?"

대개 '단순하다' '생각이 짧다(혹은 '시원하다' '뒤끝 없다')'고 평가받는 사람들은 이와 같은 과정을 별로 거치지 않는다고 생각하면 된다.

끊임없이 이어지는 "왜?"라는 질문에 나중에는 도저히 답이 안 나올 것 같다. 이는 우리가 자기 사고방식의 한계에 얽매여 있기 때

2장 | 망치가 필요한 순간

문이다. 이런 문제는 어려운 수학 문제나 물리 문제처럼 논리적으로 풀기 어려운 것이 아니라서, 문제를 보는 시점만 달리 하면 쉽게 풀리는 경우가 많다. 잘 모르겠으면, 바로 직전에 했던 말을 다시 나열해보자. '깔끔하게' '간단하게'라는 단어가 눈에 띄었다면, 바로 그 부분이 '왜'라고 물어볼 수 있는 부분이다. 자기가 자기에게 묻는 질문이기 때문에, 스스로 느낌이 온 단어라면 의심할 바 없이 중요한 부분일 것이다.

'음, 그래. 내가 했던 말 그대로 해보지. 그러니까 왜 깔끔하고 간단하게 먹고 싶었냐는 거지? 그건 내가 요즘 속이 안 좋아서지. 그래도 아침을 안 먹으면 기운이 없잖아? 내가 웬만하면 아침을 챙겨 먹긴 하지.'

'왜?'

'또 뭐가 왜야?'

'왜 아침을 안 먹으면 기운이 없어? 안 먹고 가기도 하잖아.'

'그건 이미 과학적으로 밝혀진 거잖아. 아침을 먹어야 오전에 두뇌 활동이 좋아지는 것 아닌가?'

'정말? 그것뿐이야?'

'… 사실 그 말은 엄마가 한 말이긴 하지.'

'엄마?'

'그래, 이혼한 엄마.'

아마 이 글을 읽으며 짜증이 좀 났을지도 모르겠다. 자기 혼자만의 생각으로 표현해서 그렇지, 남이 이렇게 꼬치꼬치 캐물었으면 이미 멱살을 잡았을지도 모른다. 하지만 정신 치료 전문가나 치료를 받는 내담자뿐 아니라 과학적 사고나 인문학적 사고를 하는 사람 모두 이런 식으로 생각을 한다. 이렇게 한 가지 주제를 집요하게 파고들어 가는 사람은 생각에 깊이가 있다.

그렇다면, 왜 이렇게 연이어 질문하고 의심을 품는 것이 힘들까? 사람은 의외로 생각하기를 매우 싫어한다. 생각을 하느니 죽음을 택할 것 같은 사람마저 있을 정도다. 이에 대해 "머리가 나빠서 그래요"와 같이 자조적으로 말하는 사람도 있지만, 사실 이는 지능의 문제가 아니다. 이들은 아주 간단한 논리를 떠올리려고 할 때조차 생각이 정지되곤 한다.

융은 사람의 마음속에 감정을 자극하는 주제들이 군집을 이룬다고 하면서, 이를 '콤플렉스Complex'라고 했다. 이들은 이런 주제 근처에만 가면 지뢰처럼 터져버리는 성질을 가지고 있다. 무언가에 열등감을 가지고 있는 사람이 자신의 열등감을 자극하거나 연상시키는 단어만 들어도 분노나 피해의식을 참지 못하는 걸 생각하면 쉬울 것이다. 우리의 마음 전반은 마치 여기저기에 지뢰가 깔려 있고 감정의 소용돌이가 휘몰아치는 음침한 우울의 골짜기와도 같다. 아무런 준비 없이 이런 마음의 흐름에 뛰어드는 것은 보이지 않는 강 속에 뛰어드는 것과 같아서, 매우 큰 불안을 유발한다.

앞서 살펴본 자문자답 대화에서는 굳이 '엄마'가 나올 필요가 없었다. 그러나 그에게 '이혼한 엄마'라는 주제는 항상 의식 밑에 억압되어 있는 존재여서 여덟 번만의 "왜?"란 질문에 튀어나오게 되었을 것이다. 아마 그는 이 자문자답을 통해 놀이동산에 가든, 열심히 일을 하든, 카페에서 쉬든, 어떤 상황에서도 엄마에 관한 인식과 이야기가 자기 내면에 깔려 있음을 깨달았을지도 모른다.

소개한 것 이외에도 훌륭한 자가 질문이 하나 더 있다. 바로 평소에 곧잘 하는 혼잣말이다.

'아, 정말 나는 왜 이러고 살지?' '너 지금 뭐하는 거냐.'

이런 말은 다른 시점에서 보면 탄식이 아니다. 나 자신에 대해 정말 궁금한 나머지 내면에서 저절로 튀어나온 질문이라고 생각하라. 좀 우습게 느껴지겠지만, 그 순간 '그러게 말이다. 나 진짜 왜 이렇게 사니?' 하며 정색하는 순간이 대개 인생에 변화가 오는 시점일 가능성이 크다.

이러한 자가 대화 기법은 자기 내면에 있는 다양한 자아들을 성장시키는 효과적인 방법으로, 이를 시작하는 순간 여태껏 무시받거나 억압받았던 존재들이 무대 전면에 등장하게 된다. 다루기 힘든 분노나 질투, 슬픈 인격들이 드러나는 것을 두려워하지 마라. 그들이 등장할 때마다 나타나는 포근하고 안정된 인격들도 있는데, 이들

을 훌륭하게 성장시킨다면 자신의 성격 자체가 좋은 방향으로 변화
하게 될 것이다.

내가 방어하는 순간 알아차리기

우리는 매 순간 자기 약점을 방어하고, 강점을 전면에 내세우고
싶어 한다. 제법 친한 친구들 사이에서도 자기를 어필하여 영향력을
확대시키고 싶어 하고, 어필하기 힘들 때는 조금 뒤에서 호시탐탐
기회를 노린다. 그래서 강점을 내세우기 힘든 자리에 있거나(면접
등) 자기보다 명백히 강한 사람 앞에 있으면, 긴장이 심해진다. 또
자신의 강점이 무엇인지 확신이 없는 사람은 말을 흐리고 자신을
아예 숨기려 든다.

상대와 대화 도중 갑자기 화가 났다면, 여러분은 이미 자기 약점
을 방어하는 데 실패한 것이다. 분노 자체가 약자가 강자에게 이기
기 위해 순간적으로 육체 능력을 상승시키는 기술이다. 분노는 약점
이 찔린 것을 감추고, 상대의 공격을 중단시키려는 최후의 수단이
다. 가족이나 친구와 대화를 할 때 걸핏하면 화를 내는 사람은 정상
적인 대화론 상대를 이길 수 없다고 생각하는 것이다.

자신이 이런 사람이라면, 불편한 감정을 느끼는 순간 그 감정에
몰입하는 것을 스스로 방해하라. 자신을 관찰하는 제2의 자아를 끄

집어내야 한다. 화난 나, 울고 있는 나를 객관적으로 관찰하는 눈을 떠올려보라. "화가 났는데 어떻게 떠올려요?"라고 할지도 모르겠다. 그때는 관찰하는 사람의 마음으로 나에게 말을 거는 것이다.

'너 화가 많이 났구나.'

이렇게 속으로 '분명하게' 말을 걸어라. 그 후에는 다음과 같이 말한다.

'흥분하지 마. 지금은 네가 화낼 때가 아니야. 우리 조금만 더 상황을 살펴보자.'

이렇게 되기까지는 훈련이 좀 필요한데, 평소에도 자신에게 말을 걸고 대화하는 버릇을 키울 필요가 있다.

감정을 동반하지 않는 미묘한 방어도 많다. 타인과 나눈 대화를 나중에 다시 들여다보면, 내가 묘하게 어떤 사실을 보호하려는 경향이 있음을 알 수 있다.

첫 번째는 특정한 주제를 대화에 올리길 꺼리는 것이다. 가족 이야기가 나오면 나도 모르게 말을 돌린다든가, 성적인 테마가 등장하면 심드렁해지면서 대화가 끊기게 만든다든가. 이 경우, 대화의 주제가 나의 콤플렉스이거나 약점에 해당되는 부분일 것이다.

두 번째는 손해를 보고서라도 어떤 부분을 지키려고 하는 경향이다. 그 지키려는 부분은 대개 자신의 정체성과 밀접한 관계를 가지고 있다. 즉, '잘생겼다' '매력적이다' '머리가 좋다' '우리 집은 돈이 많다' 등 유치해 보이지만, 누구나 밑바탕에 가지고 있는 은근한 자부심 같은 것이다.

"네가 무슨 잘못을 했는지 알겠니?"

"네. 제가 너무 잘난 척한 것 같아요. 집에 돈 좀 있다고 그래선 안 됐는데, 제가 건방졌어요. 어떻게 생각하면, 태어날 때부터 돈이 많은 사람은 불편한 점도 많은 것 같아요. 다른 사람들 눈을 많이 의식해야 하거든요."

마지막 말은 안 하는 게 더 좋았을 것이다.

이렇듯 심리적 방어는 '올바른 생각'이나 '정확한 판단'이라는 탈을 쓰고 있는 경우도 많다. 그러므로 자기가 믿고 있는 불변의 진리조차 의심할 필요가 있다. 내가 가장 경멸하는 이유에서, 내가 세상에서 제일 인정하기 싫은 이유에서, 그 진리를 믿고 있진 않은가 생각해보면 된다.

예를 들어, 동성애에 대해 극도의 혐오감을 가진 사람이라면 '정말 내가 동성애 기질이 강해서 이렇게 동성애자를 혐오하나?' 하는 의문을 품어보는 게 좋다. 이런 의문을 시작으로 동성애 문제에 대해 이것저것 관심을 갖다 보면, '내가 잘 모르는 영역이어서 막연히 공포를 갖고 있었구나' 하고 깨닫게 되는 경우가 많다. 사실, 우리 모두는 양면성을 갖고 있는데 이는 성적 지향성에 있어서도 예외는 아니어서, 나에게 동성애 기질이 있다고 해도 놀랄 일은 아니다.

육체미 넘치는 남자나 여자에 대한 태도도 생각해보자. 이들에게 환호하는 사람도 있겠지만, 이들을 의도적으로 피하거나 이들 앞에만 서면 긴장하는 사람도 있을 것이다. 자신이 이런 사람이라면, 그냥 "징그러워서 그러죠, 뭐"라는 말로 넘어가지 말고 자기 행동에 의문을 품어보아야 한다. 생각은 항상 여러 가지 방향으로 해보는 게 좋다. 기본적으로는 '내가 인간의 육체미 혹은 남성성에 대해 거부감을 가지고 있는가'를 생각해보고, 그다음에는 오히려 '내가 너무 끌려서 당황하는 것은 아닌가' 하고 반대로도 생각해본다. 이 역시도 동성애 문제와 마찬가지로, 중립적이고 다중적인 사고로 끝맺을 수 있다면 좋을 것이다.

오늘 나는 회의에서 화려한 지식과 언변을 뽐내며 사람들에게 멋진 모습을 보여주었고 그로 인해 가슴이 기쁨으로 벅차오른 상태다. 바로 그 순간, 자신의 기쁨에 의문을 품어야 한다.

'내가 지금 왜 이렇게 기쁜 거지? 지식이 많다는 것을 모두에게 인정받아서 그런가? 똑똑하다고 평가받아서? 지식을 과시하고 인정받은 게 왜 그렇게 기쁘지? 내가 진정 현명하다면 이렇게 기쁠 리

없는데…. 내가 똑똑하지 않다고 생각하나? 그래서 남의 인정이 필요한가?'

이런 문제를 분석할 때는 다양한 입장을 함께 생각하라. 무언가에 대한 과도한 집착은 오히려 그것에 대한 반대 동기에서 출발하는 경우도 많아서, 많은 지식을 갖고 있지만 실은 어릴 때 자신의 왜소함을 감추기 위해 책을 열심히 읽은 경우도 있고, 돈에 매우 열중하지만 그 이유가 어릴 때의 가난에 기인하는 경우도 있다. 과도한 집착이 그의 빈곤과 결핍을 드러내는 것이다.

내 방어하는 모습 이해하기

내면에 대한 방어는 주로 대인관계에서 관찰되기 쉽다. 사람들은 타인이 나에게 이로운지 해를 끼칠지를 항상 가늠하고, 또한 남들이 나를 쉽게 간파하지 못하도록 스스로를 꽁꽁 숨긴다. 공격과 방어를 거듭하는 것인데, 이 패턴은 항상 일정한 형태를 이룬다. 이러한 공격과 방어 패턴은 그 사람의 정신세계의 외벽을 보여준다.

성城을 사이에 두고 외부인과 성 내 사람들 간에 벌어지는 공격, 계략, 내통, 협상 같은 상호작용에 대인관계를 비유해보자. 어떤 성주城主는 외부인이 와서 특별한 행동을 하지도 않았는데, 적이 왔다면서 불안해하고 조공을 바친다. 비굴하게 보인다. 어떤 성주는 반대로 누가 접근하건 적으로 간주하고 활을 쏘아댄다. 공격적이고 폐쇄적으로 보인다. 어떤 성주는 마치 환대하는 것 같지만, 중간에 함정을 파놓고 사실상 교류를 거부한다. 야비해 보인다. 가장 살기 좋은 성은 상거래나 지식의 교류가 활발하고, 치안이 좋으며, 전쟁 시에 단합하여 적을 물리치는 곳일 것이다.

평소의 태도도 은유적으로 이해할 수 있다. 어떤 접근에도 반응이 적고 소극적인 사람은 곱지만 나약한 초식동물 같으며, 어떤 접근에도 같은 반응밖에 하지 못하는 사람은 친절해 보일지라도 개성 없는 파충류처럼 느껴진다. 아무리 웃고 있어도 냉소적인 말투를 쓰는 상대에게는 숨겨진 차가운 얼굴이 느껴지며, 점잖은 척해도 평소 행동이 교만한 상대에게서는 무언가를 감추는 짐승이 느껴질 뿐이다. 행동에서 느껴지는 특징들로 상대의 얼굴을 상상하다 보면, 나역시 지금 짓고 있는 표정과는 다른 얼굴과 표정으로 타인에게 인식될 수 있음을 알게 될 것이다.

자신의 마음을 그림으로 표현해보라고 하면, 누군가는 딸기가 수 놓인 반쯤 깨진 찻잔을 그리고, 누군가는 각자 다른 표정으로 다른 곳을 보고 있는 여섯 개의 얼굴을 그리고 이것이 자신이라고도 한다. 어떤 사람은 겹겹의 벽(즉, 자신의 복잡한 방어 체계)을 그려내기도 하고, 어떤 사람은 환상 세계를 그리기도 한다. 더 나아가, 개인의 자아에 멈추지 않고 정신 세계의 전체성을 상징하는 만다라 같은 그림을 그려내는 사람도 있다. 이는 종교적 영역에 가까워서 비슷한 사고와 경험을 가진 사람들만이 이해할 수 있다.

사람은 자기가 의도적으로 선택한 순간만을 기억하고, 그것을 자기의 진심이라고 믿는다. 하지만 내가 순간순간 찍은 셀피Selfie들 만을 모아 자신을 상상한다면, 남들은 나를 동영상으로 관찰한다고 봐야 한다. 이러한 나와 타인의 인식 차이가 본질적인 소외의 원인이 되는 것이다. 어떻게 보면 쉽다. 내가 보는 나와 남이 보는 나가 다르다는 것인데, 그 다름에 대해 저항하고 화를 내는 이들이 많다. 지적인 사람이라 하더라도 자기 내면에 대한 인식이 부족한 경우, 더 정교하고 복잡한 방어 체계를 형성하여 스스로도 볼 수 없는 장벽을 만들곤 한다. 이 장벽을 이해하기 위해서는 단편적인 말보다 자신을 복잡한 서사의 한 부분으로 보고 은유적으로 이해하는 것이 더 효과적일 수 있다.

방어를 깨는 데 필요한 것들

지금부터 설명하려는 것은 나 스스로 자기 방어를 깨는 방법이라기보다는, 남들의 방어를 해제하는 방법에 더 가깝다. 그러나 이를 실행하다 보면, 결국 나 자신의 방어를 깨는 데도 적용할 수 있을 것이다.

지지적 접근

방어가 심한 사람일수록 고집스럽거나 융통성이 없어 보인다. 정도의 차이는 있지만 대체로 주변 사람들에게 좋은 인상을 남기기 어려운데, 당사자는 그것이 자기가 유도한 현상인지 잘 모른다. 누구나 자신이 방어하는 부분에서만큼은 편집증 환자처럼 의심이 많아진다. 그러나 이 점을 스스로 깨닫기는 어려운 법이다. 때문에 훈계하려 하거나 고치려고 들어서는 곤란하다. 나그네의 옷을 벗기는 태양처럼 따뜻하게, 지지적으로 접근해야 한다.

긍정적인 시선

방어를 깨려면, '역설적으로' 긍정적인 면을 찾는 기술이 필요하다. 부정적으로만 보이는 상황 속에서 어떻게 해서든 긍정적 요소를 찾아내는 것이다.

고집 센 사람에게는 "의지가 강하다"라고 칭찬할 수 있고, 편협한 사람에게는 "집중력이 좋다"라고 할 수 있으며, 의심 많은 사람에게는 "분석적 태도가 좋다"라고 해줄 수 있다. 사람들은 상대에게 나를 공격할 의사가 없다는 것을 재차 확인해야만 방어적 태도를 누그러뜨리는 법이다. 마음의 싸움도 현실의 싸움과 그다지 다를 바가 없다. 이를 잘 수행하려면 말도 잘 해야겠지만, 평소 긍정적인 시선을 가지고 있어야 한다.

다양한 사고의 비교

상대가 자기 생각을 표현하기 시작하면, 그것을 수정하려 하지 말고 일단 긍정해주면서 내 생각을 보여준다. 상대가 나와 자기의 생각을 비교하면서 그 차이를 느끼도록 해주어야 한다(물론 이도 저도 안 되면 좀 강제로 가는 경우도 있다). "사람들은 다 이기적인 것 같아요. 결국은 자신만 챙기잖아요"라는 말에 "맞네요. 기본적으론 자기 생각만 따르니까요. 그 와중에 남도 좀 도와주고 하면 착한 사람 소리 듣는 거죠. 나쁜 사람이랑 그리 큰 차이도 아닌데, 그렇게 살면 이득이겠죠" 정도의 반응이면 적당하다.

은유와 비유

자신이 세워놓은 방어벽을 무너뜨리려면, 종국에는 자기 논리의 파괴가 일어나야 한다. 토론을 할 때 보면, 내 논리를 아무리 열심히 제시해도 상대가 내 말을 전혀 듣지 않는 경우가 허다하다. SNS에서도 마찬가지다. 그럴듯한 이론과 통계자료, 전문적인 경험을 이야기해도, 자기 논리에 빠져 이를 잘 듣지 않고 넘겨버리는 사람들이 흔하다. 자기 시선에서만 사건을 보아서 그렇다. 타인이 더 넓은 시야를 갖고 있어서 다른 각도로 사안을 바라본다는 사실을 이해하지 못하는 것이다.

자기모순을 깨닫기 위해서는 무작정 나의 논리를 들이대기보다 상대가 자기 시선에서 벗어나도록 돕는 것이 더 중요하다. 이때도

　　　　　　　　　　　　2장 | 망치가 필요한 순간

역시나 비유가 유용하게 쓰일 수 있다. 상대가 가진 사고의 두 측면을 대비시켜, 자연스럽게 자신의 이중성을 관찰하는 시선을 키우도록 해주는 것이다. 가장 쉬운 방법은 상대가 가장 좋아하며 섬세하게 아는 분야에 대해 물어보고, 그것을 방어하는 부분에 적용해보는 것이다.

"다른 사람을 잘 이끌고 싶어. 남들에게 친근하게 다가가고 잘 대해주는 건 자신 있는데, 남들이 날 잘 받아주지 않으면 기가 금방 죽어버리네. 단번에 사람을 확 휘어잡는 방법이 없을까?"

"좋아하는 스포츠 있어?"

"축구 좋아하지."

"누구 좋아해?"

"메시. 메시처럼 팀의 중심이 되어 골도 잘 넣고 싶어."

"너는 축구로 치면 드리블을 잘하는 사람이야. 상대에게 잘 다가갈 수 있지. 그런데 수비를 만나면 금방 약해져. 상대가 내 편을 안 들어주면 비난 한 번에 당황하면서 볼을 놓치는 선수인 거지. 단번에 사람을 휘어잡는 골 결정력이 없다고 생각하지만, 수비를 어떻게 제치는지 잘 모르면서 가장 수비를 많이 상대하는 공격형 미드필더 같은 걸 꿈꾸는 거야."

"아아…."

"하지만 네 장점이 사람들에게 쉽게 다가갈 수 있는 것, 그러니까 드리블이 능한 것은 확실해. 그러니까 수비를 제치는 기술을 더 익혀야지. 몸도 더 키우고. 그러면 언젠가는 원하는 위치에 가 있을 거야."

강박증이 있는 사람은 자기가 두려워하는 것을, 비슷한 다른 것으로 전치시키고 그것을 싫어하곤 한다.

"이상하게 '4'를 보면 기분이 나빠. 사거리에 가는 것도 찜찜하고. 그 거리가 예전에 묘지 터였다는 말을 듣고 나서는 무섭기도 하고."

"… 그거 그냥 죽는 게 무서운 거 아냐?"

"아…. 그런 건가?"

"어차피 언젠간 죽을 텐데, 무서워하느니 자기 죽음에 대해 한 번 생각해보는 건 어때?"

"아우, 생각하기도 싫어. 몰라, 몰라. 난 그냥 4가 싫을 뿐이야."

"내가 아는 사람 중에 이런 사람이 있지. 바퀴벌레가 집에 있다는 생각만 해도 너무 무서워서 바퀴 약을 뿌리지조차 못 하고 사는 사람. 혹시나 죽은 바퀴벌레가 나올까 봐 모르는 척한다는 거야. 혹시나 건강에 문제가 있을까 봐 종합검진을 안 받는 친구 녀석도 있어."

"그건 좀…"

병원에서 만나게 되는 분들 중에는 더 복잡한 경우도 많다.

"전 유치원 교사인데요. 제가 불행하다는 생각이 자꾸 들어요. 전 애들과 있을 때만 행복해요. 집에 오면 지쳐서 잠만 자고요. 사람들은 거의 안 만나요."

"왜 애들과 있으면 행복할까요?"

"애들이 성장하는 걸 보면 자부심이 들고 행복하니까요. 다른 건 별로 관심이 없어요."

"이렇게 생각해보죠. 제가 소아만 치료하고 성인 진료는 전혀 보지 않으며, 집에 가면 아무것도 하지 않고 잠만 잔다고. 과연 제가 소아를 어떤 마음으로 치료하고 있는 걸까요?"

"그렇게 말씀하시니, 좀 이상하게 느껴지네요."

아이들과 있을 때 행복하다니 아름답게 느껴질 수도 있겠지만, 다른 삶이 억압되고 불행한 가운데 그렇다면 이 사람에게는 아이들과의 시간이 일종의 유일한 탈출구이거나 안식처라고 보아야 한다. 이럴 때 상대는 실제로 아이들을 좋아하고 위하는 마음이 있을 수도 있으나, 만만하게 대할 수 있는 어린아이들을 볼 때만 편안한 기분이 들 수도 있고, 유치원이 자기 능력이 충분히 발휘되는 유일한 장소여서 그런 상태가 되었을 수도 있다. 이러한 측면을 상대에게 일깨워줄 필요가 있다.

정신적인 방어는 분명 필요한 것이지만, 이를 너무 자주 사용하면 자기가 어떤 모습인지를 깨닫지 못하고 고립되고 만다. 자기 안에 틀어박혀 자기를 알아가려는 시도를 포기하면 편하다. 불능, 포기, 무능, 의존, 더 나아가 죽음에 이르기까지, 자아를 포기하는 데서 오는 편안함은 항상 악마의 목소리처럼 달콤하다.

'해서 뭐해?' '어차피 결과는 같잖아.'

이런 허무에의 유혹에 너무 귀 기울이지 마라. 자신이 파괴되고 새로이 형성되는 기쁨에 눈뜨는 순간, 그런 유혹이 부질없게 느껴질 테니까.

나를
지키려는 본능

'방어기제'란 자기를 지키기 위한 여러 가지 정신적인 장치들을 말한다. 프로이트의 딸이자 정신분석학자인 안나 프로이트Anna Freud 가 창시했으며, 정신분석학에서는 매우 고전적인 이론에 속한다. 하버드 의대 정신의학과 교수인 조지 베일런트George Vaillant는 이 개념들을 그 사람의 성숙도에 따라 재분류했는데, 병적이고 원시적인 기제들을 1단계, 성숙하고 사회적으로 좋은 평가를 받는 기제일수록 4단계 쪽에 배치했다. 성숙하고 존경할 만한 방식이라 하더라도 내적으로는 자신을 방어하고자 하는 의도가 있다는 것을 기억하면 좋을 듯하다.

그 기준에 맞추어 여러 가지 방어기제를 설명하되, 심리적으로 흥미로운 것들만 일부 선택했다. 자세한 내용이 궁금하다면 정신의

학 교과서나 인터넷을 참조하기 바란다.

1단계 | 병리적인 방어기제

남들이 보기에 너무 당연한 이야기나 결과를 자기 필요에 따라 마음대로 편집하고 바꾸는 것으로, 누가 봐도 이상하게 느껴진다. 병리적이라고 하니 심하게 들릴지 모르지만, 실제로는 불리한 상황이 닥치면 누구나 이런 방법을 쓴다. 나이, 교육 수준, 소속 집단 같은 요소와 관련되어 있다.

부정 Denial

다른 사람이 분명하게 인식할 수 있는 사실을 인식하는 걸 정면으로 거부하는 것. 눈앞에서 저지른 범죄를 수많은 증거에도 불구하고 부인하기도 하고, 큰 병이 들었음에도 오진이라 우기기도 한다. 몰래 나쁜 짓을 했다가 거짓말로 둘러대는 경우와 비슷해 보이지만, 이 경우에는 진심으로 자기 생각을 믿고 있다는 점이 다르다. 이런 이유로 범죄 혐의를 받던 사람이 억울함을 증명하기 위해 자살하거나, 끝까지 혐의를 부인하고 사망했다가 사후 조사에서 유죄로 판명되는 경우는 흔하다. 견딜 수 없는 상황을 맞으면 믿고 싶은 욕망이 모든 것을 앞설 수 있다. 나이, 교육 수준, 소속 집단과 관련되어 있다.

분리 Splitting

모든 부정·긍정적 충동을 양극단으로 분리해 생각하며, 대개 부정적인 측면을 상대의 탓으로 돌린다. 악하거나 선하거나. 그 중간은 없다고 생각한다. 상대적이거나 이중적인 특성을 지닌 경우가 대부분인 사람이나 사물을, 이들은 단순하게 해석해 본인에게 정당성을 부여한다. 요즘 우리나라에서도 자주 보이는 사고방식으로, 내 편이 아니면 무조건 악惡이고 청산 대상이라 주장하거나 내 의견과 비슷한 사람에게 열렬한 지지를 보내는 것 등이 여기에 해당된다. 그러나 이런 사고방식과 달리, 현실은 훨씬 더 복잡하다.

2단계 | 미성숙한 방어기제

불안을 줄이기 위해 사용하는 방법이지만, 자주 사용할 경우 사회적으로 인정받지 못해 더 나쁜 결과를 초래할 수 있다. 우울증이나 인격 장애 환자들이 곧잘 이 늪에 빠진다.

투사 Projection

스스로 인정할 수 없는 충동을 무의식적으로 타인의 탓으로 돌리는 것. 내가 저 여자를 성추행한 것은 그녀가 나를 유혹했기 때문이라고 한다거나, 내 인생이 망한 것은 다 부모나 나라 탓이라고 하는 식이다. 회사에서 항상 남 탓을 하는 직원, 짜증 나면 모두 배우자 탓을 하는 사람도 떠올릴 수 있겠다. '남 탓'을 가끔씩 살짝만 하는 것은 스트레스를 풀고 친근감을 올리는 데 도움이 되지만, 너무 잦게 공격적으로 하면 주변의 신뢰를 잃을 수 있다. 누군가에게 같은 내용의 '남 탓'을 세 번 이상 하고 있다면, 말을 아끼길 권한다. 동료든 친구든 배우자든, 같은 이야기가 그 이상 반복되면 대개 짜증스럽게 생각한다.

투사적 동일시 Projective Identification

상대에게 내 감정을 투사할 때 상대가 그에 걸맞은 감정, 사고를 가질 수 있는데, 이 때문에 투사한 사람은 자기 판단에 확신을 가지게 된다. 즉, 내가 상대를 나쁜 사람이라고 비난할 때 상대가 화를 내면, 그 분노를 보고 '역시 저 사람은 나쁜 인간'이라고 재확신하는 식이다. 물론 자꾸 그 사람이 좋은 사람이라고 칭찬하다 보니 좋은 사람처럼 행동하는 경우도 있다.

이는 꽤 중요한 개념이다. 무의식중에 타인의 반응을 내가 유도했을 가능성이 있기 때문이다. 인간관계는 책임 소재의 차이는 있더라도 서로의 상호작용으로 일어나는 것이 일반적이다. 이러한 상대성을 이해하지 못할수록, 갈등 상황에서 미성숙한 반응으로 문제를 더 악화시킬 수 있다.

수동 공격 Passive Aggressive

자신이 싫어하지만 정면으로 이기기 힘든 상대에게 호의를 표시하며 복종적으로 행동하나, 실제로는 뒤에서 상대가 곤란할 만한 상황을 유도하는 것이다. 착한 사람처럼 보이지만 상사를 힘들게 하는 실수를 반복하는 사람, 매우 선해 보이지만 반복되는 도박과 그로 인해 쌓이는 빚으로 가족을 괴롭히는 사람, 잘 일하다가 갑자기 잠수를 타버려 상황을 곤란하게 만드는 사람 등. 이는 어떻게 보면 을이 갑에게 할 수 있는 최대의 공격법일 수 있는데, 이들의 무의식에는 자기가 피해자라는 확고한 믿음이 깔려 있어서 타인의 곤란에 대해 그다지 가책을 받지 않는다. 이 방법을 자주 쓰면 앞의 두 가지 방법을 자주 쓰는 것보다 더 '인간쓰레기' 취급을 받는다는 사실을 알아둘 필요가 있다.

3단계 | 신경증적 방어기제

여기부터는 타인이 아니라 자기 자신의 불안, 공포 등을 줄이기 위한 심리적 방어법이라 할 수 있다. 나에게는 편하게 느껴져도 남들에게는 어색하게 느껴진다. 보통 사람들의 마음속에서도 흔히 쓰이는 기제들이며, 어느 정도는 사회에서 받아들여지는 다소 비합리적인 태도 정도로 볼 수 있다.

억압 Repression

가장 흔하고도 간단한 기전. 충동을 용납할 수 없을 때, 이를 무의식 수준에서 억압해 인식 자체를 거부하는 것이다. 중요하지만 부담스러운 약속을 까맣게 까먹는다든가, 어릴 때의 불쾌한 기억이 전혀 떠오르지 않는 것 등 주변에서 그 사례를 흔하게 볼 수 있다.

합리화 Rationalization

잘못된 행동이나 결과에 대해 자기에게 유리한 이유를 대고 스스로 납득하는 것. '신 포도 기전'으로도 불린다. 시험을 망치고 나서 이번은 도약을 위한 후퇴였다고 생각하거나, 후배를 심하게 혼내고 올바른 선배의 역할이었다고 하는 것 등을 들 수 있다. 어느 정도 맞는 말이기도 하고, 이런 합리화가 없다면 실수를 한 후 심리적 안정을 얻기도 힘들 것이다. 하지만 자신의 잘못은 없다고 고집할수록 더 미성숙한 방어가 되고 만다.

반동 형성 Reactive Formation

자신의 용납할 수 없는 충동을 감추기 위해 반대의 태도를 강하게 내세우는 경우. 권위에 대한 충동이 있는 사람이 저항 운동을 벌이거나, 동성애 경향이 있는 사람이 동성애자를 잔인하게 대하는 것 등이 여기에 속한다. 사회적 견해를 강하게 내세우는 사람의 속내에 이런 동기가 깔려 있는 경우가 많은데, 어느 순간 숨겨진 본능이 튀어나와 역공을 맞기도 한다.

전치 Displacement

자신의 충동을 풀 대상을 좀 더 안전한 대상으로 옮기는 것이다. 가장 많이 볼 수 있는 예가 회사에서 스트레스를 받고 가족에게 화 내는 것, 아버지에 대한 부정적 감정이 회사 상사에 대한 반항으로 드러나는 것, 좋아하던 사람과 이름이 비슷한 상대에게 호감을 느끼 는 것 등이다. 뇌가, 자기가 아는 사람과 비슷한 형태, 행동만 보면 상대를 비슷한 개체로 파악하고 대응 전략을 펴기 때문에 벌어지는 일이다. 명백히 다른 사람을 무의식중에 같은 사람인 것처럼 대하는 오류를 보이곤 하는 것. 우리는 이로 인해 막연히 누군가를 미워하 거나 사랑하는데, 그 감정의 원래 대상을 찾도록 도와주는 것이 정 신과나 상담소의 주요 업무 중 하나다.

주지화 Intellectualization

자신에게 불편한 감정 요소는 제거하고 지적인 이해만을 남겨 불안을 줄이는 것. 우울증 환자 중에는 기분이 어떤지 물어보면 책 에 적혀 있는 동반 증상만 열거하거나, 진단명이나 약물 정보에만 집중하며 치료에는 협조적이지 않은 사람들이 꽤 많다. 이는 자기가 환자라고 인식하거나 치료진에게 의존하게 되는 과정이 불안해서 그러는 것이라 볼 수 있다.

4단계 | 성숙한 방어기제

3단계가 객관성을 버리고 심리적 안정감을 얻는 기제였다면, 이 단계는 정신 내부의 여러 욕망을 중재하여 가장 좋은 결과를 얻는 기제들이다. 자신의 약점을 방어하기 위한 방법이라지만, 인간이 인간답기 위해 사용하는 가장 고차원적인 생활 방식이라 할 수 있다.

예견 Anticipation

지금 사건의 결과가 어떻게 될지 미리 감정 상태나 결과를 짐작하고 추측하여 해결책을 찾는 것. 내가 자주 하는 얘기 중 "잘 될 것 같은 짓을 하면, 잘 되겠지"가 이에 해당한다. 심사숙고해서 천천히 단계를 밟아가다 보면 결과가 좋을 것이라는 이야기는 따로 강조할 필요가 없을 것이다.

그러나 청소년기에 충동적으로 비행 행동을 한다거나 벼랑 끝에 몰린 상태에서 자살 충동이 든다거나 하는 등 스트레스에 압도되면, 합리화나 투사 같은 미숙한 기제를 사용해 자신을 정당화하고, 즉각적인 만족을 우선하는 선택을 하게 된다.

유머 Humor

유머러스한 사람은 스트레스 상황에서도 긍정적인 면을 찾아내거나, 삶의 아이러니를 드러내며, 쉽게 보이기 힘든 감정도 잘 전달할 수 있다. 웃음이란 의학적으로는 고통스럽거나 불합리한 상황에서 뇌를 보호하기 위해 내인성 마약 물질을 분비하는 것이라, 그 자체가 쾌감과 고통, 행복과 불행이 공존하는 현상이라 할 수 있다. 나는 이것이 불합리한 세상을 극복하기 위해 내린 신의 축복이라고 생각한다.

예외도 있다. 유머를 매력으로 여기는 것을 넘어 남들을 장악하고 본심을 숨기기 위한 수단으로 사용하는 사람. 이들은 강박적으로 남을 웃기는 것에 매달린다.

승화 Sublimation

본능적 욕구와 충동을 사회적으로 받아들일 만한 방식으로 드러내는 것이다. 성적·공격적 충동을 무조건 억압하면, 이는 분노나 집요함으로 변한다. 이 에너지를 사회적으로 용인된 일에 쓰고 생산적인 일에 몰두할 경우, 남보다 더 큰 성과를 거둘 수 있다. 성욕이나 분노를 정제하여 고귀한 것으로 바꾸는 연금술과도 같은 것이다. 사람에 따라서는 정제가 덜 되어 순간순간 짜증이 튀어나오고, 어떤 사람은 겉만 익어서 속에 분노가 들끓는 것이 보이기도 한다. 승화는 가장 성숙한 형태의 방어기제임이 분명하지만, 자기 성취의 원천이 실은 부정적인 에너지부터 시작되었음을 깨닫지 못한다면 마냥 성숙하다고 볼 수 없다.

이타주의 Alturism

　타인의 욕구를 충족시킴으로써 자기만족을 얻는 것으로, 가난한 사람을 도우며 자신의 불우한 시절을 보상받는 느낌을 받는 경우를 들 수 있다. 이를 두고 동기가 불순한 것 아니냐고 이야기하는 사람도 있을 수 있지만, 어떤 방식으로든 타인에게 도움이 된다면 무슨 상관이겠는가. 뇌가 작동하는 방식을 살펴보면 선한 부분보다는 이기적인 부분이 더 많은데, 이를 잘 조작해 이타적 사고를 하도록 만드는 것이 인간의 진면목이라고 봐야 한다.

상대를
조종하고 싶은 욕망

　여기에서 '공격기제'는 환자의 역할, 청소년들 사이의 괴롭힘, 남녀관계의 여러 가지 전략 등에 대해 생각하다가, 방어기제의 확장 개념으로 나 스스로 정리한 것이다. 같은 용어를 쓰는 기존 이론도 있으나 잘 알려진 것은 아니어서, 내가 독자적으로 생각했던 것을 설명하려 한다.

　내담자들을 좋은 의도로 설득하려 하지만, 가끔은 그들의 복잡한 심리적 방어가 너무 힘겨울 때가 있다. 공격기제는 그 이유를 고민하다 떠올리게 되었다. 분명 치료해달라고 내게 온 사람이고, 불안정한 마음도 이해하며, 공격 충동을 다루는 것까지 치료자가 할 일이지만, 병적인 방어기제와 맞서다 보면 치료자도 지쳐서 우울해지거나 화가 나는 경우가 적지 않다.

우리는 관습적으로 방어하는 쪽을 선한 쪽, 공격하는 쪽을 악한 쪽으로 생각하는데, 범죄자와 싸우는 경찰처럼 반대의 경우도 분명히 있다. 따라서 사람이 대인관계에서 결국 얻고자 하는 것이 무엇인가를 먼저 생각해보아야 한다. 방어를 하든 공격을 하든, 즉 서로 싸우고 겨루고 사랑하고 유혹하는 이유를 다른 시점에서 볼 필요가 있다.

거식증은 흔히 음식이나 체중에 대한 문제라고들 생각하지만, 실은 전혀 관계없이 보이는 데서 문제가 발견되기도 한다. 즉, 가족이나 다른 사회적 관계에서 억압을 받은 나머지 자기 의지대로 할 수 있는 유일한 행동으로 식욕을 통제하는 것일 수 있다. 이혼하고 홀로 아이를 키우는 엄마는 자기가 통제할 수 있는 유일한 사람인 자녀에 대한 집착을 쉽게 놓기 힘들다. 인간은 자신의 주변 환경이나 사람들을 자기 아래 두고 통제하고 싶어 하며, 내 영향력을 사회 안에서 계속 넓히려 한다. 이것이 좌절될 때 강박증이나 우울증에 빠지게 된다.

우리는 서로 호감을 주고받는 것이 대인관계 능력이라고 생각하지만, 이는 협소한 개념이다. 그보다는 타인을 자기 마음대로 조종하려는 본능을 효율적으로 다룰 수 있는 능력이야말로 광의의 대인관계 능력이라 해야 할 것이다. 타인을 컨트롤하되, 미숙할수록 폭력과 분노 등 강압적 방법을 사용하고 성숙할수록 설득과 감화를 이용해 상대가 자발적으로 움직이도록 한다. 이는 고정된 능력이 아니며, 성격에 따라 가족, 친한 친구, 이성 친구, 일반 대중 등 잘 다루는 대상이 각기 다르다.

어린 시절, 우리가 폭력이라는 원시적인 방법에 어떻게 대처했었는지를 떠올려보자. 누군가가 나를 때리려고 하면, 마치 싸움을 잘 하는 것처럼 허풍을 떨거나, 지켜줄 친구를 많이 사귀거나, 신고를 하기도 했다. 너무 밉살스러운 사람은 아예 상대를 하지 않거나, 뒤에서 흉을 봤다. 그러나 정작 그 사람은 남이 그러든 말든 관심도 없어서 내가 패배한 느낌이 든다. 이러한 일련의 승패 방식들은 성인에게도 그대로 작동한다.

- 능동적 통제(물리적 폭력 – 명령 – 논리적 설득, 타협, 화해 등): 상대를 직접적으로 조종하려 한다. 힘을 쓰든 말로 하든 상대를 내 의도대로 조종하고 싶은 욕망을 기본으로 한다.
- 수동적 통제(변덕, 과시, 혼돈–배신–유혹, 매료–감화 등): 상대에게 욕망을 불러일으키고, 덫에 걸린 대상이 욕망을 쉽게 이룰 수 없도록 상대를 조종한다.
- 관계의 제거(무시, 비웃음, 비취향–범주화 등): 상대의 수동적 통제의 덫을 의도적으로 무시하는 것이다.
- 욕망의 제거(무지, 무식, 건강한 자기애, 해탈 등): 상대가 조종할 수 있는 욕망 자체가 없는 경우를 말한다.

이러한 대인관계 방식에서 미리 전제해야 할 개념이 두 가지 있다. 첫 번째는 우리가 살고 있는 현실 세계는 물리적인 능력의 우월함(물리적으로 존재하는 재화, 근육, 신경, 네트워크의 수적 우월)이 기본이다. 힘센 사람이 더 우월하고, 돈 많은 사람이 우월하고, 많이 아는 사람이 우월하고, 빨리 결과를 내는 사람이 우월하다. 두 번째로 물리적인 능력이 부족한 개체는 상대를 이기기 위해 내면의 패배감을 숨기는 기만전술을 사용한다는 것. 바로 여기서 심리전이 시작되는데, 자신의 패를 숨기고 상대의 패를 드러내야 승리한다는 새로운 게임의 룰이 탄생한다. 여기서 패란 욕망 자체로, 원하는 것을 먼저 보이는 쪽이 지게 된다.

능동적 통제

여기에는 손발과 무기를 쓰는 폭력, 말을 이용한 위협, 명령부터 타협, 설득, 화해 같은 평화적인 방식까지 포함시켰다. 언뜻 보면 서로 매우 다른 것처럼 보이지만, 실은 모두가 타인을 통제하고 조종하려는 1차적인 욕구를 배경으로 한다는 공통점이 있다. 폭력배가 처음부터 폭력을 쓰기도 하지만, "김 사장님. 신림동 사시더군요. 골목이 좀 어둡던데. 거 알아서 해주셔야 되지 않겠습니까?" 하면서 더 고상하게(?) 협박할 수도, 그럴듯한 말로 사기를 칠 수도 있지 않겠는가?

능동적 공격은 화를 내든 설득을 하든, 상대의 불안을 이용해 그를 나의 의도 하에 들어오게 한다. 사실 모든 공격기제들은 상대의 생리 반응이나 인지부조화로 인한 불안을 바탕으로 한 것이다. 공포 반응이나 통증 감각이 없다면 폭력은 의미가 없으며, 불안이 없다면 생각이 바뀌지도 않는다. 다만 공격 수준이 높을수록 상대가 불안하지 않도록 노력하며, 서로의 의도 간 맥락을 이어 상대가 '자기 스스로 결정했다'고 생각할 수 있게 돕는다.

상대의 자발성을 중시하다 보니, 성숙한 공격기제에는 약점도 생긴다. 상대를 존중할수록 효율이 좋지 않다. 말을 이해할 능력이 없거나 고집이 센 경우 설득이 통하지 않듯, 상대의 감수성에 따라 성공률에 차이가 날 수밖에 없다.

수동적 통제

수동적 공격기제는 말 그대로 '조종'에 가깝다. 능동적 공격기제는 기본적으로 타인을 능동적으로 통제하려는 욕망을 바탕으로 하는데, 그 자체가 일종의 약점으로 작용한다. 어떤 사람이 무언가를 바랄 때 그 기대를 배신함으로써 상대를 조종할 수도 있기 때문이다. 그래서 능동적 공격기제에 대한 반응이자 대응책으로 발생하는

108

것이, 상대의 욕망을 매개로 타인을 통제하는 수동적 공격기제라 할 수 있다. 이는 공격에 대한 리액션에 가까운데, 다음과 같은 여러 가지 전략이 있다.

변덕, 과장, 혼돈

상대가 바라는 것을 들어줄지 말지 결정을 감추거나, 원하는 것을 갖고 있는지 아닌지를 혼란스럽게 하는 것이다. 했던 말을 번복하는 유치한 단계부터, 상대가 가진 기대를 조금씩 배반하며 혼란에 빠뜨리는 높은 수준도 있을 수 있다. 주로 도박의 '블러핑Bluffing(내 패보다 상대의 패가 좋을 때, 오히려 허세를 부리며 마치 자기가 좋은 패를 들고 있는 것처럼 행동해 상대가 그 판을 포기하게 하는 것)'이나 회사, 나라 간의 계약, 거래에서도 볼 수 있지만, 대인관계에서도 상대의 관심을 끌고 관계의 주도권을 잡기 위해 흔히 사용된다.

과장은 자기가 가진 것을 드러내는 것이 아니라, 가지지 못한 것을 거짓으로 포장해 상대를 홀리는 것이다. 당연히 실제와 드러낸 것의 간극에 따라 그 수준이 달라지는데, 간극의 크기가 클수록 눈치를 못 채도록 끝까지 거짓을 반복해야 하거나 아니면 내면을 잘 파악하지 못하는 둔감한 사람만을 대상으로 선택해야 한다는 문제가 있다.

혼돈, 변덕은 경계성 인격장애를 갖고 있는 이들에게서 특히 많이 보이는 대인관계 방식이다. 자기 자신의 의견을 계속 변화시키는

2장 | 망치가 필요한 순간

데, 의도적으로 하는 행동이 아니더라도 상대가 나를 쉽게 파악하지 못하게 하는 효과가 있다. 상대가 페이스를 잃도록 한 후, 능동적인 공격기제를 사용해 조종한다. 스포츠에서 변칙 플레이로 상대의 리듬을 깬 후 공격하는 것을 생각하면 되겠다. 이러한 기제들은 모두 '기대를 배신한다'는 기본적인 공통점을 가지고 있다.

이 기제들은 비록 수동적이라 해도 엄연한 공격기제이기 때문에, 상대는 당연히 공격을 받는다고 느낀다. 흔히 '능동/수동'의 개념을 '옳음/그름' '가학/피학'의 맥락과 착각하는 사람들이 있는데 이는 분명 다른 것이며, 정신세계에서는 반대항들끼리 쉽게 자리를 옮기는 경우도 많다(가학/피학적 성향은 동시에 존재하기 쉽고, 옳음에 집착하는 사람은 자신의 부정적 성향을 숨기려는 의도가 있기 쉽다). 심리적으로는 상대의 마음을 확인하고 그 기대를 맞춰주는 일이 선한 일이 되며, 상대에게 관심이 없는 것이 상처 주는 일이 되기 쉽다.

돈 문제로 사이가 나쁜 부부가 있다. 아내가 급한 일로 정중하게 만 원만 빌려달라고 부탁했는데, 남편이 돈이 있음에도 역시 정중하게 거절했다. 이런 경우 폭력도 없고 아무도 화를 내지 않았지만, 상대의 기대를 배신함으로써 서로에게 심각한 상처를 남길 수 있다.

아내는 이렇게 생각한다.

'그래도 명색이 부부라면 만 원은 빌려줄 수 있지 않나. 이 정도는 인간 대 인간으로 기본 예의 아닌가.'

남편은 이렇게 생각한다.

'우리가 돈 문제로 이 지경까지 왔는데, 아무리 액수가 적더라도 또 돈 이야기를 꺼내는 건 예의가 아니지.'

두 사람 모두 기대가 배신당한 것이다. 이러한 기대는 아무리 가까운 사이라 해도 쉽게 알 수 없어서 서로의 생각을 자주 나눌 필요가 있다. 그 후 세상의 일반적인 기준에 맞추어 타협을 보려 해야 한다.

이런 점에서, 사회적으로 모든 구성원이 굳이 말하지 않아도 동의하는 일종의 '기준'이 중요한 것이다. 이를 바탕으로 구성원끼리의 갈등을 조정하면 쉽기 때문이다. 사회가 안정기일 때는 서로에게 바라는 것이 분명해 갈등이 덜 생기지만, 문화적·경제적 격변기이거나, 외부 문화의 영향으로 세대 간에 큰 변화가 오는 시기에는 서로 기대하는 역할 기준에 혼란이 온다. 기대를 바꾸지 않는 사람이나 기대를 바꾸라고 주장하는 사람이나, 서로에게는 매우 공격적인 것으로 느껴진다. 서로 간에 이해가 필요한데도, 사람들은 소통하지 않고 공감하지 않고 학습하지 않는다. 생각보다 시간이 더 많이 필요할 것이다.

그래도 세대 간의 격차는 한 세대나 경제적 주도층이 10년마다 바뀌기 때문에 20~30년이면 변화가 가시적으로 드러난다. 문제는,

너무 오랫동안 당연한 것으로 받아들여져 인식 변화가 이루어지는데 더 긴 시간을 필요로 하는 이슈들이다. 최근 우리나라를 예로 들자면, 남녀 간의 역할 문제와 성정체성 문제가 있을 수 있다. '양성평등을 지향해야 한다' '다양성을 이해하고 받아들여야 한다'는 이념은 정치적으로 당연히 옳지만, 이것이 모든 대중의 머릿속에 각인되기는 쉽지 않다. 인간의 정신은 너무 복잡하게 짜여 있어서인지, 이성은 항상 단순한 논리를 갈구하기 때문이다.

매료, 유혹

이는 외모나 행동의 장점을 강조 혹은 과장하는 것인데, 상대가 아직 감정이 생기지 않은 상태에서 기대를 형성하도록 자극한다는 점이 앞선 기제들과 다른 점이다. 유혹은 상대의 욕구를 미리 짐작하고 내가 그 욕구를 충족시켜줄 수 있는 것처럼 보이도록 하는 것으로, 무언가를 팔려는 사람 앞에서 돈이 있는 것처럼 행세한다든가, 일을 해결해줄 것처럼 말하지만 결국 해주지 않는 것 등 여러 가지 경우가 있을 수 있다. 엄연히 의도적인 공격방식의 하나이지만, 이를 당한 사람 입장에서는 본인의 욕망과 연결되어 있어서 상대를 비난하기가 쉽지 않다.

이에 비해 매료는 애매한 점이 있다. 의도성이 없으며 그저 상대가 욕망하거나 경계하는 것을 가지고 있을 뿐인데, 상대의 감정이 너무 커서 상대에게 내 존재 자체가 폭력처럼 느껴지는 것이다. 꽁

장히 배가 고픈 사람이 자기 앞에서 맛있는 음식을 먹는 사람을 볼 때나, 성적이 떨어진 학생이 이번에 1등을 한 친구를 볼 때 느끼는 질투, 분노도 비슷한 것으로 볼 수 있다.

아무 짓도 하지 않았지만 부정적인 감정을 느낀 쪽은 상대에게 공격당한 것 같은 기분이 든다. 이성적으로는 상대의 잘못이 아니라고 느껴야 마땅하지만, 내 욕망이 너무 크거나 자신을 성찰할 능력이 없는 경우 상대가 의도적으로 나를 유혹했다고 판단한다. 어떤 여자를 보고 매료되었으나 그녀가 자신에게 관심이 없다고 하면 멸시받았다고 느끼는 남자, 가상의 위협을 두려워하며 덩치 좋은 남자가 말을 건 것만으로 화를 내는 여자 등이 그렇다. 이때 양자 모두 자신이 피해자라고 느끼게 되는데, 사안이 심각한 경우에는 옳고 그름을 분명히 밝혀야겠으나 일상의 사소한 상황에서는 '가상의' 가해자가 상대를 위로하고 설득하는 쪽이 더 결과가 좋다. 물론 상대가 놓은, '가해자'라는 망상의 덫에 걸리지 않도록 조심하면서.

감화

능동적인 공격기제에 대한 방어 개념이자, 매료의 상위 버전이라 할 수 있다. 단순히 질투나 소유의 대상을 넘어 자신을 더 우월한 존재로 느끼게 하는 것으로, 처음에는 미워하고 괴롭히던 친구가 너무 성격이 좋아 결국 존경하게 되는 등의 경우다. 매혹과 유사하나 '내가 상대할 수 없다고 느낄 정도의 장점'을 상대가 가지고 있다

2장 | 망치가 필요한 순간

고 생각하게 한다는 점이 다르다. 좋아하는 가수를 소유할 수 있다고 생각하고 스토킹하는 사람과 달리, 동경하며 팬의 위치에 남아 있는 사람을 떠올리면 쉽다.

관계의 제거

양자 간의 관계 자체를 없앰으로써 상대를 조종하는 것. 누군가가 유혹이나 배신 등으로 나를 힘들게 할 때 사람들은 대개 어떻게 권유하던가?

"그냥 무시해. 신경 써봐야 너만 손해야."

무시, 비웃음

강력한 조종 방식이다. 상대에게 구체적인 무언가를 얻어내지 않아도, 그의 기대를 배반하는 것만으로 만족을 얻을 수 있다. 즉, 타인이 내게 영향을 주려는 욕망을 부정하고 싶지만 그것이 정확히 파악되지 않거나 그것에 대처하기 어려울 때는 아예 그 사람의 존재 자체를 부정하여 무력감이 들도록 한다.

회사에서 심하게 부하를 혹사시키는 상사에게는 어떻게 반응하는가? 상대를 은근히 무시하거나 뒤에서 비웃을 수 있다. 나를 계속 설득하려는 정신과 의사에 대해서는? 관심 없다는 표정을 지을 수 있다. 구매할 생각이 없는데 계속 물건을 판매하려는 사람에게는 무시로 답할 수 있다. 이렇듯 무시, 비웃음 등은 능동적 공격기제나 수동적 공격기제에 대한 2차적 반응으로 곧잘 사용된다.

왕따도 이런 측면에서 해석해보자. 우리는 흔히 왕따가 청소년들 사이에 만연하다고 생각하지만, 사실 회사나 종교 집단 내 성인들 사이에서도 자주 볼 수 있다. 그저 노골적인 폭력성이 적을 뿐이다. 인간은 공동체 구성원들의 마음을 계속 확인하고 추리함으로써 집단을 유지하려 드는 본능이 강한 동물이다. 따라서 의도가 읽히지 않거나 이쪽 행동에 반응하지 않는 개체를 불안하게 생각한다. 이런 이유로 성인 사이에서의 왕따는 통제가 잘 되지 않거나 집단 내 의사소통에 참여하지 않아 균질성을 깨뜨리는 사람에 대한 간접적인 징벌인 경우가 많다.

이런 현상은 아이들 사이에서도 크게 다르지 않다. 아이들 집단 내 왕따 문제에서 피해자는 대개 의사소통 능력이나 자기표현 능력이 부족한 편인데, 그 서툴고 어색한 말투가 다른 아이들에게는 자기 집단의 균질성을 깨뜨리는 것처럼 보여 위화감을 불러일으킨다. 아이들은 이를 공격의 일종으로 여기고 다음과 같이 생각한다.

'이런 애가 우리 패거리를 만만하게 보이게 만들지.' '얘가 내 친구라고 하면 내 수준을 떨어뜨리지. 내 부하 정도면 맞겠다.'

가해 학생들을 만나보면 엉뚱하게 자신도 피해자라고 생각하곤 하는데, 적어도 그 감정만큼은 사실일 수 있다. 절대 인정해줄 수는 없지만 말이다(상담하는 입장에서는 이런 점을 감안해 가해/피해 학생 양자의 감정을 충분히 이해해야 한다).

범주화

인간은 모든 것을 패턴화한다. 뇌가 처리할 수 있는 변수는 제한적이어서, 항상 사안을 자기가 다룰 수 있을 만큼 간단하게 분류해 다루려는 경향이 있다. 지적 능력이나 경험에 따라 수십 가지로 세분화할 수도 있고, 두 가지밖에 구분이 안 돼 흑백논리로 세상을 볼 수도 있다. 단순하게 분류하고 싶은 본능을 방해하는 대표적인 행위가 바로 변덕, 과시, 혼돈, 배신, 유혹 같은 수동적 공격기제들이다. 이것들은 모두 고정된 개념들을 흔들어 판단을 어렵게 만든다.

그래서 '수동적 공격'을 받은 사람이 대처하는 심리적 방어로서, 상대를 하나의 큰 범주에 넣어버리곤 한다. 상대에게 무언가로 규정되는 순간 그들의 조종력은 사라지기 때문이다. 예를 들면, 우리가 흔히 쓰는 "미친년" "개새끼" 같은 개념들이 그렇다. 자신의 머리로는 이해되지 않는 무언가를 머릿속 쓰레기통 폴더에 넣고 '미친놈/년' 같은 이름을 붙이고, 더는 깊이 신경 쓰지 않는 식으로 상대를 처리하는 것이다.

이러한 범주화는 공격기제 이상의 의미가 있다. 평소 사람을 분류할 때도 이런 식으로 자신의 장점을 돋보이게 하고 약점을 감출 수도 있다. 내가 우월하다고 생각하는 부분을 기준으로 사람들을 분류한 후, 나와 같은 부류의 사람들을 높임으로써 나도 더 높은 위치로 격상시키고, 나와 다른 부류의 사람들은 열등하다고 치부하며 더 우월감을 느끼는 식이다.

돈밖에 없는 사람이 세상을 '돈 있는 사람'과 '돈 없는 사람'으로 구분하면, 자신은 대부호와 같은 부류가 되어 돈 없는 상대를 무시할 수 있다. 머리 좋은 사람은 자신을 천재로 상상하며 의견이 다른 사람을 멍청이 취급할 수도 있다. 단순하고 미숙할수록 병적인 카테고리화가 일어나는데, 내가 남자라는 이유만으로 '상남자 vs. 비非상남자(여자, 게이, 트렌스젠더, 일부일처 남자, 허약한 남자, 고자 등 모두 포함)' 같은 구도를 만들기도 하고, 부자 중 '자산 100억 이상의 사람 vs. 평민(자산 100억 이하의 평범한 부자, 월급쟁이, 가난한 사람 등 모두 포함)' 같은 극단적 구도를 만들기도 한다. 최근에는 젊은 남녀들에게서 이러한 방식으로 반대 성性을 무시하거나 혐오하는 경우가 크게 늘었는데, 결코 적절한 접근이라 할 수 없다.

간혹 사람을 분류한다고 하면 '인간이 인간을 어찌!' 하면서 탐탁지 않게 생각하는 이들도 있다. 그들은 인간의 내면이란 감히 측정되어선 안 되는 신성한 것이라 여긴다. 이 역시 사람에 대한 지나친 환상에 불과하며, 오히려 인간성에 대한 이해가 부족하다는 증거일 수 있다.

117

욕망의 제거

지금까지 얘기한 것은 모두 욕망을 이용하고 무시하는 기제들이었다. 그렇다면 아예 게임의 룰인 욕망 자체가 없다면 어떤 일이 벌어질까? 여기서는 무지, 무식, 건강한 자기애, 해탈 등 욕구 자체가 없는 상태가 상대에게 어떻게 공격성을 띠는지 알아본다.

무지, 무식

"무식하면 용감하다." "모르는 게 약이다."

이런 말에서도 나타나듯이, 무지無知는 힘이 될 수 있다. 상황의 무서움을 못 느끼거나, 일의 강도를 모르는 사람은 쓸데없는 불안에 시달리지 않기 때문이다. 문제는, 이 힘이 타인에게는 '심각한' 공격으로 느껴질 수 있다는 점이다.

고층 건물에서 아무 생각 없이 장난으로 벽돌을 떨어뜨려, 행인을 크게 다치게 한 어린아이를 생각해보라. 아이에게 길길이 날뛰며 화를 낼 수도 없고, 문제의 심각성을 아무리 반복해 설명해도 아이가 완전히 상황을 이해할 리 없다. 옳고 그름에 대해 인식시키고 싶지만, 그렇게 하는 데는 너무 많은 시간이 필요하다. 아직 이해할 수 있는 상태가 아닌 경우, 설득의 의무를 가진 사람이 받는 스트레스 또한 상당하다.

정치인들 가운데 말을 당최 못 알아듣는 극단적인 '자칭' 좌파·우파 들을 생각해보라. 이들이 가장 답답하게 느껴질 때는 이들에게 균형 잡힌 말들을 이해할 수 있는 능력이 없어 보일 때다. 이런 사람들에 대한 반응으로 '관계의 제거' 기제인 무시, 비웃음, 범주화 등을 사용할 수도 있겠지만, 대개의 경우 싸움은 내 말을 '잘 못 알아듣는 사람'의 승리로 끝나게 마련이다.

건강한 자기애, 해탈

따돌림을 당했을 때의 대응 방법에는 여러 가지가 있으나, 여기에서는 '전따'라는 현상만 간단히 이야기해보겠다. 이는 따돌림을 당한 사람이 오히려 모든 사람을 따돌리고 혼자서 잘 지내는 것이다. 이렇게 되면 따돌리던 이들이 오히려 자신의 조종 욕구가 좌절되어 패배감을 느끼게 된다.

남에게 도움을 구하려는 욕구를 줄이고 독립적으로 살아가는 태도를 취하는 것은 사실상 최고의 방어이자 공격법이다. 이를 위해서는 자신에 대한 신뢰, 탄탄한 가정 배경, 깊이 있는 개인적 관심사, 자신의 문제점에 대한 객관적인 시선 등이 필요하며, 이는 건강한 나르시시즘 확립에 필수적이다. 이들은 스스로가 남들과 잘 맞지 않는다고 생각하면, 정신 에너지를 자기 내면을 탐색하거나 사회적 성과를 내는 데 돌리므로 타인의 이런저런 공격에 크게 신경 쓰지 않는다.

2장 | 망치가 필요한 순간

지금까지 설명한 모든 공격기제들은 근본적으로 '어떻게 욕망과 싸울 것이냐'에 관한 것이라고 볼 수 있다. 보통은 욕망을 받아내거나 비틀고 왜곡하는 식으로 대처하는 것이 방어기제이자 공격기제이지만, 결국은 욕망의 실체를 알고 헛된 마음을 품지 않는 것이 가장 고상하고도 궁극적인 해결 방법이다. (좀 자조적으로 말하자면) 그런 점에서 '해탈'은 모든 심리적 방어·공격 기술 중 최고라고 할 수 있다.

책임지기도,
비난받기도 싫을 때

살다 보면 위치가 다소 불편하더라도 그 불편함을 감수할 만큼 이득이 있어서 이를 고수하는 경우가 있다. 주변에 편의시설이 아무 것도 없지만 직장과 가까워서 출·퇴근 시간이 단축된다든가, 집이 좀 낡긴 했지만 역세권이라 편하다든가. 전쟁 시에도 드나들기 힘들 것 같은 높은 산이나 강 옆에 진을 치곤 하는데, 이런 위치가 싸움에 유리하기 때문이다.

일상 대화에서도 이런 경우가 있다. 같이 결정해야 할 일이 있을 때 "난 잘 모르니까" 하고 미리 말하는 사람을 떠올려보자. 그의 말 자체만 보면, "내가 능력이 부족해 의사결정권을 포기하는 거야"로 읽히지만, 그 밑에 깔린 진짜 의미는 "당신들이 알아서 정해"다. 포지션을 상대보다 아래로 위치시켜, 자신에게 책임이 돌아오는 상황과 함께 상대의 비난을 피하려는 것이다. 일부러 불리해 보이는 위치를 선점해 이득을 보는 전략은 자기 자신을 방어하는 데도 곧잘 쓰인다.

2차 이득과 환자 역할

2차 이득Secondary Gain은 병원에서 주로 사용하는 단어다. 병 때문에 주변 사람의 관심을 받거나 책임을 피할 수 있어서 환자가 치료에 협조하지 않거나 병이 잘 낫지 않는 경우가 있다. 이렇듯 병으로 인한 일종의 이득을 '2차 이득'이라고 한다.

모든 신경 증상에는 그로 인한 이득이 존재하게 마련이다. 이상하게 팔이 움직이지 않는 며느리는 가족의 관심과 일에서의 해방이 2차 이득이 되며, 우울증 환자도 가족들이 자기 눈치를 보는 것이 2차 이득일 수 있다.

이렇게 이득이 분명한 사람들은 자신이 치료되는 것이 마냥 기쁘지만은 않아 보인다. 정신적 증상이라는 것 자체가 내적 갈등을 해결하기 위한 임시방편 정도여서 그것에 집착하는 것일 수도 있고, 환자이기 때문에 수동적으로 행동해도 된다는 점이 유혹적으로 느껴질 수도 있다. 이런 사실을 잘 인식하지 못하면, 그다지 심각하지 않은 질환들을 중병으로 키울 수도 있다.

전형적인 예가 공황장애다. 공황장애는 초기에 만성 스트레스로 인한 일시적인 불안 발작으로 시작하지만, 스스로 불안감을 가중시키면서 점차 증상이 악화되곤 한다. 이때 다른 정신적 문제, 이를테면 평소 가지고 있던 의존성이나 낮은 자존감 문제와 결합할 경우, 매우 심각한 결과를 낳기도 한다. 불안한 나머지, 타인에게 의존하는 성향이 공황 증상을 심각한 것으로 오판, "내가 죽을지도 모른다, 이 병은 고칠 수 없는 것이다" 같은 잘못된 믿음을 강화시키는 것이다. 가까운 사람들에게 의지하면서 자기 연민이나 죄책감으로 괴로워하기도 하지만, 오히려 그렇게 의지하는 것이 내면 더 깊은 곳에 도사린 의존성, 수동성을 만족시킬 수 있으니 스스로 변화하고자 시도하는 경우가 극히 드물다. 이런 점을 누군가가 지적하면, 심한 분노를 드러내면서 그를 비난한다.

군대에서도 비슷한 경우가 많다. 군대에서 생긴 우울·불안 장애는 군대에 있는 한 잘 낫지 않는다. 제대라는 명백한 2차 이득이 있어서인지, 조언에도 시큰둥하고 약물 반응도 좋지 못하다. 제대하면 빠른 시간 내에 낫기 때문에 그런 장애들이 자칫 꾀병처럼 보일 수 있지만, 이 모든 과정이 무의식 수준에서 벌어지는 일이라 비난이나 체벌로는 더 악화될 뿐이다.

여기까지는 좋다. 문제는 제대한 이후에도 우울과 불안이 지속되는데, 그것이 잘못된 믿음에 의거하고 있는 경우다. 이때 다음과 같은 잘못된 인지 과정을 보일 수 있다.

나는 군대에 적응하지 못했다. → 내 문제는 없다. → 나는 우울증 진단을 받았다. → 그것은 내가 군대에서 제대해야 할 정도의 큰 병이다. → 제대 후에도 나는 우울증을 앓을 것이다.

이럴 경우 우울증이란 진단이 내려지겠으나, 실은 군대에서 생긴 트라우마뿐 아니라 조기 제대로 인한 자존감의 저하, 제대 이후 사회 부적응에 대한 실망감 때문에 점차 상태가 악화된 것일 수 있다. 그런데 이 모든 상황을 '우울증은 낫지 않는 무서운 질환이다' 혹은 '군대 문화가 내 정신을 파괴했다' 같은 믿음으로 방어하는 것이다. 이때 가족들이 이를 과하게 지지하고 보호할 경우, 가상의 질환은 더 영향력이 커진다.

내담자들 중에는 부모님과 자신의 관계, 사춘기 시절 친구와의 관계를 극적인 것으로 인식하는 이들이 많다.

'어릴 때 부모님한테 맞은 적이 있는데, 이게 트라우마가 되어서 아직 기억에 남아 있어요.' '초등학교 때부터 제가 왕따를 세 번 정도 당해서 성격이 변했어요.'

이런 식으로 현재 부모와의 서먹한 관계나 평소 좋지 못한 대인 관계를 설명하는 것이다. 실제로 심각한 경험을 했던 경우도 많지만, 관계에서 자신의 역할을 일방적으로 피해자, 수동적 입장으로만 설명하면 설득력이 떨어진다. 자기 연민으로 인한 정당화일 가능성이 있기 때문이다.

더 흔한 예도 있다. 크게 아픈 것은 아닌데 항상 "몸이 안 좋다"라는 말을 달고 다니는 사람을 생각해보자. 회사에서의 스트레스, 가족에 대한 불만이 모두 "몸이 안 좋다"는 말로 표현되는 것인데, 내가 이 이야기를 시작하면 가족들은 모두 내 눈치를 보게 되어 있다. 행여 가족 중 누군가가 치료를 하자고 하면 "의사들은 내 병을 몰라"라고 하면서 병원에 가지 않으며, 운동이나 금주를 권하면 "내가 이렇게 힘든데, 어떻게 운동을 하고 술을 끊겠냐"라고 한다. 이들은 "몸이 안 좋다"는 말을 이용해 적당히 가족에게 의존하는 상태를 유지하는 것이다(사실, 내 얘기).

2차 이득 → 질환 상태의 유지 → 수동적 역할 → 병을 더 큰 것으로 인식 → 더 강한 피해의식

이러한 악순환은 매우 공고한 방어력을 가지고 있어서, 마치 험난한 산속 요지에 박아 놓은 벙커와도 같다. 그곳에 있으면 외롭긴 하지만, 상대의 공격에 대한 방어 태세는 완벽하다. 스스로 생각해보라. 여러분도 이를 반복하면서 어설픈 위치를 계속 고수하고 있는 것은 아닌지.

피해자와 가해자의 문제

이번 이야기는 꺼내기가 조심스럽다. 섣부르게 말했다가는 일방적인 인간관계로 상처받은 이들이 분노할 수 있어서다. 실제로 그런 경우가 참 많았다.

그러나 마음을 치료하는 일은 시비를 가리는 것이 아니라 이미 불합리한 일로 상처받은 사람을 해방시키는 것에 있다고 믿는다. 세상의 기준이 아니라, 더 높고 넓은 시점에서 자신을 바라볼 수 있어야 한다. 이때 비록 상처가 사라지지는 않더라도, 그 상처를 관찰하는 위치에 서게 되고 이로써 감정이 어느 정도 정리될 수 있다. 내 이야기가 다소 비현실적이고 탈정치적으로 느껴지더라도 예민하지 않게 읽어주셨으면 한다.

병원에서 상담하기 매우 힘든 케이스가 있다. 갑·을 관계, 가해자와 피해자 관계에 따른 상처를 입었다고 하는 경우다. 가해·피해 관계가 아주 명확해도 힘들며, 그 관계가 불분명하면 더 힘들다. 자신을 인정해주지 않으면, 치료자에게 쉽게 분노하기 때문이다. 사실 이 글을 읽으면서도 이런 상황에 자신을 대입, 화를 내는 독자가 있지는 않을까 거듭 걱정이 앞선다.

유사해 보이지만, 갑·을 관계란 둘 중에 현재 누가 통제권을 쥐고 있는지에 대한 개념인 반면, 가해·피해 관계란 어떤 사건에서 원인이 된 사람이 가해자, 결과가 된 사람을 피해자라고 보는 개념이다. 이때 제3자가 이를 인식하고 피해자에게는 도덕적 정당성을, 가해자에게는 부도덕성을 부여하게 된다. 을이 피해자, 갑이 가해자가 되기 쉽지만, 꼭 그렇다고 볼 수는 없다.

이 역할들은 사건의 추이에 따라 서로 위치가 자꾸 바뀐다. 누구나 갑이 되고 싶어 하지만 을이라고 주장하고 싶어 하며, 을이라는 이유만으로 피해자 위치에 서고 싶어 한다. 그러나 피해자라는 위치는 제3자의 동의를 바탕으로 하기 때문에, 장기적으로 그 위치를 유지하려면 제3자들의 관심을 계속 얻어내야 하므로, 남들의 평가에 주도권을 넘겨주는 삶이 되기 쉽다.

예를 들어, 부모와의 갈등으로 우울하다는 사람이 있다고 해보자. 그가 이렇게 말한다.

"나는 부모의 양육 방식이 낳은 피해자이며, 그 트라우마는 사라지지 않고 있고, 그래서 나는 치료될 수 없다."

그는 부모와 타협할 기술이나 용기가 부족하기 때문에, 이 생각을 포기하기 힘들다. 포기에서 오는 이점은 있지만, 우울감은 갈수록 깊어진다. 치료 초기에는 이들에게 위로가 필요하지만, 최종 목표는 그 트라우마에서 해방되는 것이므로 그에게는 제일 먼저 '피해자'라는 수동적 위치에서 벗어나 자신의 모습을 보는 용기가 필요하다.

갑·을 관계는 가족, 학교, 회사 모든 곳에 존재한다. 하지만 아들·딸이 부모에게 상전 노릇을 할 때도 있듯이, 인간관계에서의 갑·을 관계는 서로를 누가 조종할 능력이 더 큰지에 따라 계속 바뀌게 마련이다.

사람들이 줄 서서 먹는 냉면집에서는 일단 주인이 갑이다. 그러나 내가 냉면을 싫어하면, 그 주인과 나는 아무 관계도 아니다. 내가 그 집 냉면이 너무 먹고 싶다면, 나는 을이 된다. 냉면을 다 먹고 돈을 내는 순간, 관계는 역전되어 내가 갑이 된다. 다 먹고 난 후 나는 선택을 할 수 있다. 정말 맛있었다면 그 냉면의 포로가 되겠지만, 별로였다면 나는 내가 을이 되었다고 생각하고 주변 사람에게 험담을 하거나 SNS에 악평을 올리며 갑의 위치를 점하려 할 것이다. 이런 위치 변화 때문에 갈등이 있을 때, 사람들은 자신이 을이나 피해자라고 생각하고 타협을 거부한다.

이런 예는 학교 폭력 문제와 부부 혹은 가족 갈등 문제에서 자주 드러난다. 학교 폭력 문제의 경우, 피해자만이 아니라 가해자도 내원해 자신의 고통을 호소할 때가 많다. 학교 폭력은 상황이 아주 명백한 경우를 제외하면, 가해자와 피해자가 애매할 때가 많다. 게다가 성장기 청소년들에게 무조건 성인의 기준을 들이대기도 힘들다. 서로가 자신들이 피해자라고 주장하며 학교에 불신을 표시하는데다, 학교도 무성의로 대처해 문제를 키우기도 한다.

가장 심각한 것은, 문제가 장기화되어 학생들이 학업에 복귀하지 못하고 계속 피해의식에 사로잡혀 지내는 것이다. 10대 시절 내내 학교에 적응하지 못하고 급우들이나 선생님, 부모를 원망하며 지내다가 20대가 되어서도 집에서만 있는 청년들을 너무 많이 본다. 이들의 부모는 중재자 역할을 하지도, 아이를 진정시키지도 못하고, 일방적으로 아이 감정에 이리저리 끌려다니다가 문제를 악화시키곤 한다.

이들에게는 자신의 상황을 객관적으로 되돌아보는 작업이 필요하다. 자기 삶을 관찰할 수 있게 되는 순간, 괴로움의 구렁텅이에서 빠져나올 수 있는 것이다.

최근 과거 문제를 폭로하는 여러 사건들에서도 이런 양상을 종종 보게 된다(거듭 말하지만, 나는 옳고 그름의 관점에서 이야기를 하는 것이 아니다. 마음 치료자의 입장에서 관계의 역동이 어떻게 형성되는지, 그 과정에 생기는 문제를 심리적으로 어떻게 풀어가야 하는지 말하려는 것이다). B가 갑·을 문제로 A에게 괴롭힘을 당했던 걸 폭로했다고 하자. 이때 처음에는 사람들이 모두 B의 억울함에 동조해준다. 타인들의 동조를 얻는 순간, B는 A에 대해 갑의 위치를 점하게 되지만, B는 아직 자신이 피해자이며 여전히 을이라는 생각을 한다. 그러면서 A가 알아서 무언가 조치를 취해주기를 기다리거나, 비현실적인 요구를 하곤 한다.

그러나 바로 그 순간, B는 자신이 더는 을이 아니며 타인을 조종할 수 있는 권한을 가지게 되었음을 알아차려야 한다. 따라서 어디까지 얻어내고 받아내고 용서해야 하는가 하는 것을 B가 결정해야 한다. 그 순간을 놓치면 A가 인정하려 들지 않거나 오히려 명예훼손으로 B를 고발하기도 한다.

더 큰 문제는 이런 상황이 장기화되면, 주변 사람들도 오히려 B에게 시큰둥한 반응을 보인다는 것이다. 이후 본인이 원하지 않은 결론, 즉 자신의 폭로가 무시되거나 아무런 이득도 남지 않는 결론이 나오게 되면, 자기를 적극적으로 도와주지 않았다고 주변 사람들을 비난하게 되는데, 실제로 그때부터는 아무도 B를 도와주지 않게 된다. B는 사람들이 자기를 배신자 혹은 까다로운 사람으로 보는 것 같다는 생각에 시달리기도 한다.

이런 사람과 상담할 때는 폭로 결심 이전부터의 전 과정을 이해시켜야 한다. 폭로에 따르는 영웅적 결심은 이 사회에 좋은 영향을 주겠지만, 개인적으로는 좋은 결과를 얻기가 쉽지 않으며, 피해자의 위치에 오래 있다 보면 결국 주변의 지지를 잃게 된다는 사실을 반드시 인식시킬 필요가 있다. 안타깝지만, 이것이 어쩔 수 없는 사람들의 심리다.

옳고 그름을 제대로 판단하는 게 먼저 아니냐고 할 사람도 있을 것이다. 맞다. 현재 이슈가 되고 있는 노동력 착취, 성차별, 성 착취, 학교 폭력 문제의 경우, 사회적 공의公義를 세우는 것이 먼저다. 그러나 정신과 의사로서 내가 해야 할 일은 지금 내 눈앞에 있는 이들의 심적 고통을 줄이는 것이다. 이를 위해서는 때때로 시야를 좁힐

2장 | 망치가 필요한 순간

필요가 있는 것이다.

'악'이라는 존재

고대사를 들여다보면, 옛날의 왕은 지금과 좀 다른 개념이었던 것을 알 수 있다. 평소에는 굉장히 고귀한 존재로 여겨지며 추앙받지만, 천재지변이나 불행이 닥치면 왕이 제물이 되는 경우가 있었다. 우리의 죄를 씻어줄 번제물은 신성하고 고귀한 것이어야 했기 때문일 것이다. 요즘도 대통령들이 종종 이와 비슷한 역할을 하는 것 같다.

인간 역사에 있어 자신의 오류를 정당화시켜줄 존재는 항상 필요했다. 사람들은 범주화를 통해 존재의 불합리성을 '악'으로 규정했다. 종교적인 악에 대한 믿음이 사라진 지금은 그런 시선이 인간에게로 향하는 것 같다. 남녀 간에도 계층 간에도 이런 양상이 보이며, 외국인이나 소수자를 대하는 방식에서도 이런 점이 잘 드러난다.

이 방식은 참으로 편리하다. 특별한 회개나 성찰이 없어도 마음이 편해지니까. 혐오하는 대상이 있으면 분노 에너지는 좀 들지만, 그를 통해 얻는 정당성으로 안도감을 얻는다. 게다가 자신을 악에 희생된 피해자에 위치시켜 책임과 의무를 회피할 수도 있다. 그게 편안하고 따뜻하게 느껴지겠지만, 실제로 그것은 자신을 장작 삼아

태운 온기에 지나지 않는다.

　글을 쓰는 지금은 2018년 한여름, 기록적인 폭염이 닥친 시기다. 이상하게 요즘 환자들의 증상 호소가 대폭 줄었다. 다들 더위에 어떻게 대처하느냐만 생각하다 보니, 주변과의 갈등이나 작은 증상들에는 관심이 가질 않는단다. 우리가 적대해야 할 더 큰 대상을 인지하면, 세상에 평화가 오는 법이다.

　남을 쉽게 증오하지 말자. 나쁜 짓을 반복하는 사람에게 저항하되, 스스로 증오에 불타지는 않았으면 한다. 또 무지한 사람을 쉽게 이길 수 있다고도 생각하지 말자. 상대를 설득하고 감화시키는 데는 수많은 시간이 필요한 법이다. 자기가 옳다고 생각하는 유혹에서도 벗어나자. 그게 힘들면, 차라리 우리가 적대해야 할 더 큰 것을 상상해보라.

2부

나라는
이상한
나라로

3장

내 마음은
왜 이런 모양일까

뇌 구조가 궁금하다면, 영화 〈인사이드 아웃*Inside Out*〉을 보는 것이 가장 쉬운 방법이다. 영화에는 뇌의 물리적 실체와 그 내부의 심리적 상황이 잘 나타난다. 그중 중요한 사실은 외부에서의 정보를 제일 먼저 검토하는 것이 사고가 아니라 감정을 담당하는 곳이라는 점. 정보를 '기쁨' '분노' '혐오' '불안' '우울'로 라벨링을 하고, 대뇌의 각 부분으로 쏘아 보낸다. 이렇게 저장된 기억들은 필요할 때마다 꺼내서 사용할 수 있고, 사용되지 않는 기억은 삭제된다.

두뇌 작동 원리에 관한 기본적인 이론으로 '뇌 삼위일체론'이 있다. 뇌의 세 부분이 서로 견제·상호작용한다는 것으로, 첫 번째는 척수와 직접 결합된 '뇌간'이다. 이는 '파충류의 뇌'로 불리며, 생존에 관련된 기본 기능을 담당한다. 두 번째는 뇌간을 싸고 있는 '변연계'로 공격성, 성욕, 식욕 등의 동물적 충동을 매개한다.

세 번째는 '대뇌피질'로 사고, 추리, 제어 등을 담당한다. 이것이 발달할수록 고등동물로 여겨진다.

〈인사이드 아웃〉에서는 인간 행동을 결정하는 중요한 기능이 이성이 아닌 감정들로 그려지는데, 그 감정을 담당하는 센터가 바로 변연계에 있는 '편도체'다. 이는 놀람, 불안, 분노, 기쁨, 혐오, 슬픔, 공포 등의 감정 판단을 한다. 우리는 외부에서 자극이 오면 두 가지 채널을 통해 해석하는데, 하나는 편도체로 직접 정보가 입력되어 재빠르게 이것이 위험한지 좋은지 등 상황을 판단하며, 하나는 시상을 지나 감각 처리 영역을 거쳐 전두엽 피질에서 천천히 판단한다. 전자는 자연 환경에서 즉각적으로 반응하기 위한 채널로, 이것의 작동 비율은 의외로 높다. 이를 후자의 채널로 억제하는 교육을 받지 않으면, 자신의 감정 변화에 따라 살아가기 쉽다.

우리의 기억 정보 역시 편도체를 거쳐 감정의 라벨을 붙인 후, 역시 변연계에 속하는 해마에 2년간 저장됐다가 대뇌피질의 각 지역으로 옮겨진다. 그러나 정확히 어디에 존재하는지는 애매하며, 뇌 전체에서 네트워크상으로 패턴화되어 기록되는 것으로 생각된다.

신피질에는 50만 개의 피질 기둥이 있고, 기둥마다 600개의 패턴 인식기가 담겨 있다. 이는 어떤 패턴이 변형될 때 차이점을 빠르게 구분하는 데 유리한 구조다. 소위 인간의 직관적 판단이라는 것은 사건을 패턴화시킨 후 비교하여 차이를 이해하는 방식인 셈이다. 인간이 컴퓨터처럼 논리적인 사고에 능한 타입은 아닌 것이다.

나도 모르게 타인을
따라 하는 순간

마음은 형태가 없다. 실제로 그것이 존재한다는 증거도 없다. 그러나 모두가 '나처럼 너도 마음을 가지고 있다'는 사실에 동의한다.

인간은 타인의 마음을 어떻게 추정할까? 인간이 자기처럼 타인에게도 마음이 있다는 사실을 이해하는 것을 '마음 이론Theory of Mind'이라 하는데, 이런 양상은 정상이라면 4~5세부터 나타나기 시작한다. 유인원에게서도 이 현상이 약간 관찰된다. 이는 거울 속의 내가 인식되는지, 타 개체의 관점을 받아들일 수 있는지, 남을 속일 수 있는지 등으로 판별한다. 적어도 속임수를 쓴다는 것은 타 개체의 의도를 짐작하는 거니까. 물론 인간은 상대의 의도와 그 의도를 속이려는 의도, 다시 그를 속이려는 의도까지도 짐작하는 동물이다.

인간은 이 마음 이론 때문에 사물이나 다른 생명체에도 자신과 같은 인격을 부여하곤 한다. 번개나 홍수 같은 자연 현상도 인격적 존재가 일으키는 일로 보고, 애완동물은 물론 벌레나 식물에게도 인간적인 감정을 부여하는 경우가 많다. 내면의 심리적 기능을 말할 때도 '내 안의 자아'들로 의인화시키는 경향이 있는데, 이는 앞서 얘기했듯이 뇌가 외부 상황을 패턴으로 인식하고 이해하는 것이 더 쉽기 때문이다.

그렇다면, 인간에게 선천적으로 마음 이론이 작동되는 이유는 무엇일까? 여기에는 거울뉴런이라는 신경이 관여하는 것으로 보는데, 거울뉴런은 1996년 원숭이에게서 발견된 것으로, 손이나 입을 사용하거나 다른 원숭이가 같은 행동을 하는 것을 보기만 해도 활성화되는 신경이다. 인간 역시 타인의 행동을 관찰할 때 이것이 활성화된다.

나도 모르게 가수의 몸짓을 따라 한다든가, 타인의 신기한 행동을 보면서 자기도 모르게 표정을 따라 해본 경험이 있을 것이다. 이 신경은 남을 모방하도록 하는데, 타인과 똑같은 행동을 할 때 느낀 내 마음 상태를 상대도 가지고 있을 것이라 추측하는 것이다. 평소에는 타인을 따라 하려는 충동이 억제되어 있다가, 흥미로운 행동을 보는 순간 억제가 풀린다고 한다. 이 영역은 말하기를 담당하는 '브로카 영역Broca's Area(언어 능력과 관련된 뇌의 영역으로, 좌반구 아래 전두엽에 위치해 있다)'과 기원이 동일해서, 과거에는 입과 얼굴을 사용해 상대와 의사소통을 하던 것이 점차 언어로 진화한 것으로 본다.

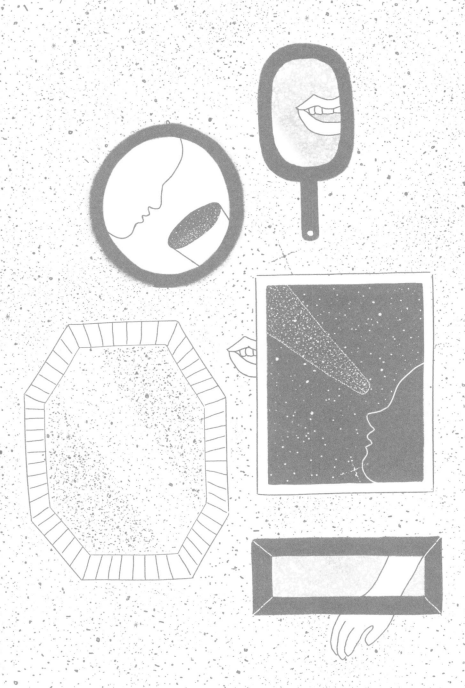

나의 판단력은
믿을 만할까

　뇌의학 이야기 중 들을 때마다 내가 항상 신기해하는 부분이 있다. 바로 '편측무시Unilateral Neglect(시야는 이상이 없지만 우뇌 손상 시 좌측, 좌뇌 손상 시 우측의 자극을 인지하지 못하는 것)'다. 두정엽 손상을 받은 사람은 공간을 인식하지 못하는데, 오른쪽 손상이 온 사람은 왼쪽 세상을 인지하지 못한다. 분명히 시야에는 들어와 있지만 왼쪽 것은 없다고 말한다.

　재미있는 것은 왼쪽 세상이 있다는 것을 의식적으로 인식하지 못할 뿐이지, 뇌는 무의식중에 인식하고 있다는 것이다. 예를 들어, 왼쪽에 위험한 물건을 두고 "똑바로 걸어가 보세요" 하면, 왼쪽에 아무것도 없다고 주장하면서도 장애물을 다 피해서 가는 식. 왜 그랬냐고 물어보면, "그냥 기분이 그래서…"라고 한다. 뇌의 일부 기능이 망가졌을 때 나타나는 현상이다. 보통 사람들도 평소에 "그냥 감으로 했어요" "그러면 안 될 것 같아서…"라면서 어떤 사안에 대해 비과학적으로 결정을 내렸다고 말하곤 한다. 그러나 의식상으로 인지하지 못할 뿐이지 실제로 뇌는 정확한 판단을 했을 수 있다(시험도 처음 찍은 게 맞듯이).

가끔 나는 실제로 우리 눈에 귀신이 보이는데도, 뇌에 그것을 처리할 수 있는 장치가 없어서 우리가 모르는 건 아닐까 하는 생각을 한다. 실제로는 우리 옆에 귀신이 우글우글한데 '어쩐지 피곤해…. 이 집은 기운이 안 좋아'라고 하면서 아무것도 모르는 채 귀신과 같이 살고 있는 것이다!!!(농담)

뇌의 구조 변화로 인한 사고 분열 현상에 관해서는 다른 예도 많다. 언어 중추가 있어 '설명하는 뇌'로 일컬어지는 좌뇌는, 이론이나 이야기를 만들기도 하고, 자기 이미지 등을 통합해 언어로 '자아'를 만드는 역할도 한다. 재미있는 것은 좌뇌가 우기기의 명수라는 것이다. 좌뇌와 우뇌를 연결하는 '뇌량'이 분리된 환자는 좌·우뇌 간에 정보 교환이 안 되는데, 이때 좌뇌는 오른쪽 시야만을 인식할 수 있다. 그러나 이때도 왼쪽 시야가 뇌에 입력은 되고 있어서, 좌뇌는 이해할 수 없는 왼쪽 존재를 억지로 설명하려 든다. 예를 들어, 오른쪽에 아기 사진, 왼쪽에 꽹과리 사진을 보여줬다면, "아이가 울지 않도록 해야겠네요. 아이가 울면 시끄러우니까"라고 하는 식으로 억지 연결을 시킨다. 절대 모른다고 하는 법은 없다.

소위 남자들의 '맨스플레인Mansplain ('남자Man'+'설명하다Explain'. 남자가 스스로를 여자보다 우위에 있다고 여기며 계속 설명하려 드는 것)' 현상도 좌뇌의 언어중추 경향 때문일지 모르겠다. 남자가 여자에 비해 의사 판단을 좌뇌에 많이 의존하는 구조를 가지고 있다면, 언뜻 남자가 더 논리적인 것처럼 보일 수 있다. 하지만 이는 자기 자신에게만 논리적일 뿐, 남들에게는 그저 합리화(개똥철학이라고도…)에 불과한 경우가 많다. 그저 자신에게만 그럴듯하게 느껴질 뿐이다.

여담인데, 방송에서는 "모르겠다"는 말을 하면 안 된다는 불문율이 있다. 질문이 들어오면 잘 몰라도 무조건 아는 척을 하면서 둘러대야 방송이 끊기지 않는다는 것이다. 나도 그런 식으로 둘러대는 데 꽤 능한 편인데, 생각해보면 그리 자랑할 일은 아닌 것 같다. 어쩌면 방송인이나 글쟁이들은 다들 맨스플레인 기질의 소유자인지도 모른다.

자기에게만 논리적일 수도 있다는 점은 우리의 도덕성, 진실성에 대해서도 의문을 품게 한다. 이와 관련해 캔자스대학의 심리학자 댄 뱃슨Dan Batson의 이득 분배 실험이 유명하다. 그는 참가자를 두 명씩 팀으로 구성하고, 각각 한 사람씩 불러 질문을 던진다. 그 질문에 대해 참가자 A가 정답을 말하면, 그에 대한 보상은 둘 중 한 명에게만 돌아가게 하고, 누가 그 보상을 받게 될지는 다른 참가자 B가 결정하도록 했다. 실험자는 참가자 B에게 누가 이득을 가져갈지 결정하라고 한 후, 잠시 방을 나간다. 그 방에는 동전을 미리 하나 넣어

둔 상태다. 어떻게 해야 할지 모르겠으면, 동전 던지기를 해 결정을 하라는 것.

결과가 어땠을까? 전체 참가자의 절반 정도는 동전을 던졌다. 먼저, 동전을 던지지 않은 사람 중 90퍼센트는 보상을 자기가 가져가겠다고 했다. 동전을 던진 사람들의 경우에도 결과는 비슷했다. 심지어 결과가 자기에게 불리하게 나온 경우 75퍼센트가 다시 던졌다. 더 흥미로운 사실은 자신이 동전을 던졌다는 것만으로도 자기가 도덕적으로 더 우월하다고 평가했다는 것이다.

인간은 이기적인 행동을 하면서도 스스로를 도덕적이라고 믿고 자신과 타인을 기만한다는 이야기는 이미 널리 알려져 있다. 정의와 도덕을 주장하는 사람과 대화를 해보면, 그와 어울리지 않는 융통성 없는 엄격함이나 내면의 분노가 명백히 느껴져 언밸런스하게 보일 때가 있다. 타인은 그 불균형을 쉽게 느끼지만, 본인은 왜 자신의 주장이 사람들에게 받아들여지지 않는지 잘 이해하지 못한다. 실제로 도덕성의 커다란 부분은 자기 판단이 틀렸을 수도 있다고 생각하는 신중함에 있는데 말이다.

언어가 다 담아내지
못하는 것들

　우리의 인식은 새로운 발명에 의해 범위를 넓힐 수도 있지만, 동시에 그 경험에 침식되어 중요한 것을 상실하기도 한다.

　사진에 대해 한번 생각해보자. 우리는 증명사진의 '신기한 현상'에 대해 매우 잘 알고 있다. 분명 내가 보기엔 내 얼굴이 아닌데, 남들은 이상하게 내 얼굴과 똑같다고 한다. 친구 사진을 봐도 분명 자기 얼굴임이 틀림없는데, 이상하게 나왔다며 민망해한다.

　사진은 그것이 나의 실제 모습이라고 주장하지만, 사실 그것은 한순간의 3차원 정보를 납작한 2차원에 투영한 것에 불과하다. 더욱이 우리의 뇌는 3차원의 얼굴이 짓는 표정들, 인상적인 움직임, 그에 대한 기억 정보로 이뤄진 패턴을 통해 우리의 얼굴을 기억하기 때문에, 정지한 상태의 얼굴이 실제와 다르다고 느낀다. 물론 자기 얼굴을 미화시키는 경향이 제일 지대하겠지만 말이다('저 사람, 사진발이 잘 안 받나 보구나'라고 생각하실지도 모르겠다).

100여 년간 이루어진 2차원 사진 매체의 발달은 얼굴의 미를 사진으로 판단하게끔 만들었고, 아름답게 느끼는 우리 뇌의 방식을 부정하도록 만들었다. 현재 인기 있는 연예인들은 2차원 매체에 어울리는 얼굴을 가졌다고도 볼 수 있는데, 미래의 후손들은 3차원 입체 영상으로 요즘 영화를 감상하면서 배우들 얼굴이 너무 작고 좁게 생겼다고 느낄지도 모른다.

이제 언어 이야기로 가보자. 언어는 나를 중심으로 세계의 여러 성질을 구분하는 데 사용되며, 이를 이용하여 눈에 보이는 것, 보이지 않는 것들을 명명하고 관계를 엮어나갈 수 있다. 인간이 지금의 인간이 된 것은 언어를 통해 다른 개체와 정보를 교류하고, 문자를 통해 지식을 축적할 수 있었기 때문이다. 그러나 언어라는 도구는 사물이나 현상 본연의 상태를 100퍼센트 제대로 표현해주진 못한다는 점이 문제였다.

언어적 사고에 의한 판단과 비언어적인 판단은 서로 독립적인 회로를 사용한다. 애완동물은 언어를 쓰지 않아도 일련의 판단과 행동을 할 수 있다. 이는 대개 위험을 피하거나 이익을 얻기 위한 본능적 행위 혹은 수많은 반복 훈련을 통해 터득한 복잡한 기술이다. 사회가 발전하면서 의식 체계가 언어에 주로 의지하다 보니, 우리는 언어 이전의 세계가 있다는 것을 가끔 잊어버린다. 극단적으로는,

자기가 하는 행동 모두를 "나는 단어를 외우고 있다" "나는 밥을 먹으려 한다"는 식으로 일일이 인식하면서, 그렇게 하지 않으면 불안해하는 강박증 환자를 예로 들 수 있겠다.

언어는 여러 면에서 인간의 생각을 확장시킴과 동시에 제한시키는 면이 있다. 문법 구조 자체가 '나는 …하다' 혹은 '무엇을 한다' 같은 형식이다 보니, 언어는 사고방식을 주체가 하는 행동이나 상태를 설명하는 방식에 국한시킨다. 이를 벗어나는 언어는 시나 예술에서 볼 수 있는데, 논리가 아닌 감각과 이미지의 연관에 의해 진행되므로 낯설게 느껴지고, 언어에 비해 열등한 취급을 받기 쉽다. 하지만 시와 예술의 가치는 우리 모두 알고 있다.

언어가 역으로 사고방식에 영향을 미치기도 한다. 사랑하는 척을 하다 보니 정말 사랑하게 되었다거나, 살기 위해 돈을 모으는 것이 아니라 돈을 모으기 위해 사는 것처럼 도구와 목적이 서로 위치를 바꾼다(언어가 실재를 대치하는 이 현상은 이 책의 범위를 넘어서기 때문에 더 길게 설명하지는 않겠다). 미래형이 없는 언어를 쓰는 나라는 미래를 현재와 연결시켜 생각하므로 저축률이 더 높다거나, "미안하다"라는 표현이 없는 나라의 국민들에게는 책임지는 상황을 회피하는 경향이 있다든가, 한국어나 일본어처럼 동사가 제일 끝에 위치한 언어는 말을 늘 끝까지 들어봐야 진의를 알 수 있으므로 속내를 감추거나 말을 흐리기가 더 유리하다는 등의 이야기도 여기에 해당할 수 있다.

또한, 우리가 쓰는 언어는 복잡한 정보들을 압축해 나타내는 것이므로 실제 의미를 단순화시킨다는 단점이 있다. 예를 들어, 단순히 "나는 돈을 번다"라고 말을 해도, 이는 그냥 사실을 말하는 것으로 볼 수도 있고, 전후 맥락에 따라 억울한 감정을 토로하는 것으로, 또는 내가 그만큼 나이 들었다는 의미를 나타내는 것으로 간주할 수도 있다. 반어법으로 쓰였을 수도 있다. 그래서 A를 말했다고 생각하지만 B로 전달되거나, 더 큰 뜻을 의미했지만 작은 뜻만 전달되는 경우가 생긴다.

심리를 파악하는 입장에서 가장 문제가 되는 부분은 언어가 거짓말을 한다는 것이다. 사람의 뇌는 먼저 판단하고 행동한 후 언어로 이를 설명하는 구조로 되어 있는데, 이 과정에서 언어중추가 그럴싸한 설명이나 명령을 할 수 있다.

지금 당장 아무 생각 없이 이렇게 소리내어 말해보라.

"너무 배고파. 떡볶이 먹고 싶어."

뇌는 그런 판단을 하지 않았는데도, 여러분은 아무 말이나 할 수 있다. 즉 거짓말도 할 수 있는 것이다(인간은 거짓말이 가능한 독특한 종이다). 그런데 방금 한 말에 자극을 받았는지 배도 좀 고픈 듯싶고, 떡볶이도 누가 사왔으면 좋겠다는 생각이 들었다. 과연 여러분의 몸은 정말 배가 고프다고 느끼는 것일까, 아니면 거짓말에 여러분의 몸이 속은 것일까? 몸의 체계가 신경의 물리적 전달에 따른다면, 언어는 독립적인 논리 체계에 의해 진행되기 때문에, 이 둘의 차이가 심리의 정확한 인식을 방해하곤 하는 것이다.

언어를 단순하게 사용하는 것도 문제가 된다. 언어는 그 성질상 뇌와 신체의 애매한 상태를 어느 한 쪽으로 고정하는 역할을 하는데, 그것을 확정하는 순간 남은 가능성은 부정하게 된다. 우리는 한 쪽을 선택했을 뿐인데, 선택한 쪽이 모두인 것처럼 생각하기 쉽다. 언어가 실재를 정확하게 표현할 수 없지만 표현하고 있다고 착각하고, 나는 내가 말로 생각한 대로 존재하고 있다고 스스로를 기만하게 되는 것이다.

실제로, 이런 현상이 상담을 할 때 문제를 일으키곤 한다. 가장 큰 문제는 내담자가 자기의 불안하거나 우울한 기분을 묘사할 방법을 찾지 못하는 것이다. 분명 얼굴을 찌푸리고 주변 사람에게 짜증을 내긴 하는데, 스스로가 우울하다는 것은 이해하지 못한다. 눈을 이리저리 굴리면서 다리를 덜덜 떨어도 자기가 불안하다고는 말하지 못한다. 그들에게는 불안, 우울을 표현하는 언어가 없기 때문이다. 그들은 이러한 증상들로 인해 고통을 받을 뿐, 이를 해결할 방법을 찾아낼 수가 없다.

언어 지능이 높지 않아 표현력이 부족한 사람도 그럴 수 있지만, 반대로 너무 말을 잘하는 사람도 많다. 자기 내면의 감각을 탐색하여 거기에 스스로 이름을 붙이고 나와 삶과의 관계를 고민해보지 않은 사람은 사회에서 제공한 생각들, 예를 들면 '사나이는 울지 않는다' '나는 착하고 열심히 살았으니 아무런 문제가 없다' 같은 것으로 내면을 채운다. 그러고는 뒤늦게 뇌가 한계에 이르러 경보를 울리고 몸에 신호가 와서야 이상하다는 것을 감지한다. 그러나 이런 현상을 설명할 언어가 없으니 혼란스러울 것이다.

자아와
영혼의 문제

　스위스 로잔 공과대 두뇌-정신 연구소의 신경학자인 올레프 블랑케Olaf Blanke 교수의 실험에 따르면, 두정엽에 위치한 오른쪽 각회를 전기로 자극할 경우 유체 이탈을 반복적으로 경험할 수 있다고 한다. 감각기관에서 들어온 정보를 측두정엽 접합부에서 통합하는데, 이것이 방해를 받아서일 것이다. 자신의 생각, 경험, 감각 등이 분리되면서, 자신의 위치나 자아감 등까지 분리되는 현상이다. 물론 유체이탈 경험자들은 이런 논리에 순수하게 동의하진 않겠지만 말이다.

　뇌는 특정 부위가 특정 기능을 담당하기도 하지만, 또한 여러 부위들 간에 활발하게 상호작용이 일어나 그 기능을 드러내기도 한다. 최근 지능지수IQ는 뇌의 네트워크 간에 연결이 얼마나 잘 되어 있느

나에 달려 있다는 의견이 많이 나오고 있다(야코프 세이드리츠Jakob Seidlitz). 이는 지능이 '신경 세포의 상태가 얼마나 좋은가'가 아니라 '각 영역 간에 정보의 흐름이 얼마나 잘 연결되어 있느냐'에 달려 있다는 것이다.

인간의 의식 역시 외적·내적 자극으로 인한 정보 통합의 문제라는 이론이 많아졌다. 마취제나 진정제를 투여했을 때 평상시 활발했던 뇌 전체에서의 정보 통합 작용이 줄어들고, 국소 지역 사이에서 새로운 소통이 긴밀하게 일어난다고 한다. 의식을 잃는 것이란 뇌의 스위치가 꺼지는 것이 아니라, 두뇌의 다른 영역 간 소통이 변화하는 것이라는 뜻이다.

이는 내가 '나'라고 느끼는 데까지 연결된다. 뇌의 네트워크에서 정보를 통합하며 의식에 일관성을 부여하면서 자아감을 느끼게 된다는 이론이다. 약물을 이용해 뇌의 네트워크를 비활성화시키는 실험에서 실험 참가자들은 '자신의 경험을 서술하는 자아'가 아닌 초월적인 감정, 다른 존재들과의 일체감이 나의 존재감을 넘어서는 것을 경험했다고 한다. 이는 평소 종교가, 명상가, 마약 투약자들의 경험담과 비슷한데, 나 개인이라는 느낌은 뇌의 네트워크상에서 만들어진 감각에 가깝다는 이야기다.

이론대로라면, 이 느낌을 방해하면 원래의 상태라 할 수 있는 '모두가 하나인 상태'를 이해할 수 있다. 불교에서 말하는 '나는 없다'의 뇌과학적 표현인 셈이다.

나는 종교가 있고, 영적 존재가 있을 가능성이 크다고 생각하는 쪽이다. 영적 세계에 대한 여러 가지 글들을 읽어 보면, 앞서 설명한 것과 같은 과학적인 증거뿐 아니라 여러 가지 종교들의 입장, 영혼과 사후세계에 대한 수많은 경험담들이 있다. 우주와의 막연한 일체감과 구분되는 정교한 영적 경험들에 대한 이야기도 너무나 많아서, '과연 저것이 착각이나 거짓말만으로 이뤄질 수 있는 것인가' 하는 의심이 들지 않을 수 없다.

만약에 영혼이 존재한다면, 적어도 그것은 살아 있는 나와 같은 형태는 아닐 거라고 믿는다. 굳이 따지자면, 꿈속에서의 경험에 더 가깝지 않을까 싶다. 뇌라는 육체의 영향력에서 벗어났으므로, 감각으로부터 자유롭고, 시간이나 서술에 의거한 사고에서도 벗어날 수 있으며, 나라고 하는 자아에서도 멀어진 상태일 것이라 상상한다. 뇌는 사실 자유로운 영혼을 육체에 가둬둔 것인지도 모른다.

그러나 영혼이 그렇게 마냥 자유로운 존재일 수만은 없을 것이다. 꿈속에서도 우리는 순간순간 상황에 반응하고 판단을 해야 하며, 원초적인 공포와 불안에 시달린다. 영혼이 경험하는 것은 실제 물질이 아닌 내면의 심리적 표상들뿐일 테니, 내면의 불안과 공포가 생전의 형태로 나타날 것이다(《티벳 사자의 서 *Tibetan Book of the Dead*》). 내가 만들어낸 허상들을 과연 두려워하지 않을 수 있을까? 내 정신이 현실에 집착하는 만큼 그것을 잃는 괴로움에서 벗어나기는 힘들 것이다. 현실에서 자유로운 만큼 영혼도 자유로울 것이라 생각한다.

물론 그것조차 뇌에서 판단하는 것이 아니냐고 진지하게 따진다면, "그러게요" 하고 물러날 수밖에 없다. 죽어서 영혼이 없다면 정말 좋겠지만(그게 열반이니), 그래도 이 물질의 감옥에서 탈출할 구멍이 있었으면 좋겠다고 기대한다.

나라는 나라의 지도

앞서 뇌는 정보를 일종의 패턴으로 기억한다고 했다. 컴퓨터처럼 대상을 분석해 그 기호를 기억하는 것이 아니라 대상의 형태, 경험, 감정 등의 연합체로 기억하기 때문에, 차이를 구분하는 데는 능하지만 형태가 없는 마음을 그려내는 것은 쉽지 않다. 이를 상상해내려면, 외부에서 본 사물이나 생명체의 패턴을 빌려 쓸 수밖에 없다. 마치 그림을 그리고 싶은데 붓이나 펜이 없고 오직 도장만이 존재하는 세상에 살고 있어서, 할 수 없이 도장을 계속 찍어 그림을 그리는 것 같다고나 할까.

우리는 자연 현상이나 심리적 현상을 설명할 때, 인간에 대한 비유를 사용하거나 그것이 생명체처럼 목적을 가지고 있다고 상상하는 습관이 있다. 그래서 자연 현상을 누군가가 의도적으로 일으킨 것으로 보거나, 사회 변화나 집단행동을 두고 잘 알려진 한 명의 사람에 비유하기도 한다.

　인간의 주된 관심사는 우리 인간이다 보니 뇌의 정보 가운데 가장 정교한 것은 사람에 대한 패턴 정보다. 이에 따라 여러 가지 추상적 개념을 상상할 때 가장 적절한 설명 도구 역시 사람에 대한 패턴 정보이기 쉽다.

　나는 자기 내부에 있는 하위 인격들이나 꿈에서 보게 되는 의인화된 심리적 속성 역시 그로 인한 것이라 추정한다. 자기 내부의 특정한 행동 패턴 몇 개가 일관성을 띠면, 우리는 그것을 독립된 인격으로 판단하는 것 같다. 그리하여 우리 내면에는 물리적 세계와는 다른, 상징적 의미를 지닌 생명체와 사물 들이 사는 심리적 세계가 존재하게 된다. 지금부터 어떻게 그런 인식이 가능한지 살펴볼 것이다.

내가 나를
바라보는 시점

인간은 시각 정보에 예민하다. 예민한 정도가 아니라, 그 정보에 의해 만든 사물의 이미지가 모든 사고와 판단의 근본이 된다. 이에 너무 의지하다 보니, 실제로 우리가 보고 있는 것과 시각 정보로 뇌에서 조합한 이미지를 혼동하는 경우가 생길 정도다. 예를 들어, 여러분이 오늘따라 멋있는 표정과 자세로 길을 걷는다고 생각해보자. 여러분은 남들 눈에 비친 자신의 모습을 상상하기 시작한다. 팔을 자연스럽게 젓고, 허리와 가슴을 쭉 편다.

'이만하면 멋있는 것 같은데?'

이런 생각이 들 무렵, 친구가 오늘 좀 멋있어 보인다고 칭찬해줄

지도 모른다.

그런데 이상한 점이 있다. 정작 나는 내가 멋있게 걷는 모습을 직접 본 적이 한 번도 없다(배우나 모델은 예외로 하자). 남들의 걸음을 보았던 기억, TV에서 본 모델들의 멋진 워킹 등을 조합해 하나의 움직임을 상상했을 뿐인데, 그 상상은 내게 매우 설득력 있는 시각 정보로 기능하며 실제처럼 느껴진다.

나의 상태는 내 실제 모습에 근거한 것이 아니라, 거울이나 사진에 비친 내 이미지와 타인들의 이미지를 조합해 꾸며낸 것이다. '나는 어떤 사람인가' 하는 문제도 '내가 상상한 남들이 나를 어떻게 보는지' 상상한 모습이다. 그래서 자신에 대한 인식은 항상 타인의 시선 형태를 가지게 된다. 그래서 자기가 자신을 보는 시선에도 마치 타인이 자기를 보는 듯한 반응을 보이는 것이다. 자기 자신을 불만족스럽게 보는 사람이 스스로를 학대하는 행위도 자기와 타인을 혼동하기 때문이라고 볼 수 있다.

여기 영화배우 A가 있다. 그는 연기 연습을 할 때 다양한 각도에서 자신을 찍는 카메라를 상상한다. 정면에서 찍는다면, 과연 내가 어떻게 보일까? 시선은 어느 쪽을 향해야 할까? 카메라가 위쪽에 있다면 어떨까, 배우들의 심리가 더 잘 드러나지 않을까? A는 자신이 연기하는 인물이 어느 각도에서 보일 때 가장 그럴듯한가를 상상한다. 여태까지 그의 몸과 얼굴은 다양한 역할들의 행동을 연기해 왔지만, A의 마음의 눈은 항상 가상의 카메라에 달려 있다. 사물을 보는 눈은 머리에 달려 있지만, 자기 자신을 보는 눈은 항상 허공에 매달려 있었다.

영화배우 A는 자신을 보는 시점을 허공에 떠 있는 카메라라고 여긴다. 배우에게 카메라는 감독의 시선이자 관객의 시선이다. 그는 그에 맞는 인물을 연기하며 배역의 정체성을 드러낸다. 이는 보통 사람들이 자신을 드러내는 방식과 다르지 않다. 인생 초기에는 카메라가 아버지의 눈, 어머니의 눈, 친구의 눈, 선생님의 눈 등 실제로 우리가 만나는 사람의 눈에 위치한다. 우리가 상상한 그들의 시선들로 '자기상自己像, Self Image'을 만들어낸다. 더 나이가 들면 친구 누나, 먼 친척처럼 만나보지 않은 사람들의 시선도 상상으로 구축할 수 있으며, 연예인이나 정치인 같은 유명인의 시선까지도 상상해낼 수 있다. 이러한 상상들이 타인들의 생각과 일치할수록, 자기상은 더 현실성을 띠게 된다.

말하는 주체를 어떻게 두느냐에 따라서도 카메라 시점의 이동을 엿볼 수 있다. 예를 들어, A가 B와 갈등이 있다고 해보자. A가 다른 친구에게 다음과 같이 말한다.

"난 아무것도 안 했는데, B가 나한테 소리를 지르더라고."

A는 자기 입장에서만 말하고 있다. 시점이 A 자신에게 있는 것이다.

"내가 좀 섭섭하게 들릴 만한 이야기를 했더니, B가 화가 났나봐. 나한테 소리를 지르더라고."

이번엔 화자가 A이긴 해도, 말의 내용을 살펴보면 A와 B 둘 사이에 시점이 오가고 있다.

"내가 그 점을 고치라고 말하니까, B가 순간적으로 흥분했던 것 같아. 나에게 무슨 상관이냐며 따지는데, 아마 옆에서 보면 둘 다 똑같아 보였겠지."

이 말에서는 시점이 A와 B 그리고 두 사람의 약간 옆에 위치한 가상의 C를 오가고 있다.

자기 시점으로만 본다면 '이기적', 다양한 위치의 시점에서 볼 수 있다면 '객관적'이라는 평가를 받게 될 것이다.

시점 이동은 사람들 간에 대화를 잇는 것을 힘들게 만들기도 한다. 그러한 예는 인터넷에서 많이 볼 수 있다. 사소한 갈등이 폭력 범죄 등으로 이어졌다는 내용의 기사가 있다고 해보자. 이런 기사의 댓글을 살펴보면, 참으로 다양한 이야기들이 오간다.

'님이라면 저거 참겠음?' '법적으로 틀린 건 맞습니다.' '저건 오히려 피해자가 별난 거지.'

이렇게 상이한 말들이 나오는 이유는 사람마다 시점이 자기 자신, 피해자, 가해자, 법조인, 기사를 읽는 독자 등으로 다양하기 때문이다. 그러나 특정 시점만 고수하는 한 소통은 쉽지 않은 법이다.

이는 치료 상황에서도 중요한 개념이다. 어릴 때 왕따를 당했던 내담자에게 흔히 하는 말이 있다.

"트라우마에서 벗어나야 해요. 자신을 객관적으로 바라보세요."

이 말은 카메라를 자신의 머리 위쯤에 두라는 이야기다. 내담자들은 카메라를 자기 눈에 위치시키고, 옛날 자기를 괴롭힌 아이 앞에 서 있던 자신을 반복하려 한다. 시간도 어린 시절에 고착되어 있고, 스스로도 어린아이인 채로 남아 있다. 상담자는 현재 시점에서 환자가 '과거의 일은 이미 지나가버린 것'임을 깨닫게 해주어야 한다. 그래서 내담자 스스로 머리 위의 객관적 시점에서 자기 자신과 가해 아동을 관찰하기를 권유한다. 이는 자신을 피해 아동이라는 틀에 갇히지 않게 해주며, 이미 다 지난 꼬마아이들 간에 일어난 일로 어린 시절의 사건을 재해석하도록 도와준다.

이렇게 시점 카메라를 이동시키면서 자신을 상상하고 관찰하다 보면 탄생하는 것이 있다. 첫 번째는 상상 속 타인들의 시선에 대한 반응으로, 이는 '하부 인격'들을 형성하기 시작한다. 여기에 구체적인 대인관계, 사고 판단의 패턴들이 결합되면서 점차 정교한 인격이 된다. 두 번째는 그보다 상위 개념인 '내면의 하부 인격들을 객관적으로 바라보는 나', 즉 '관찰하는 자아Observing Ego'다. 이를 통해 자신과 타인, 사물을 냉정하게 거리를 두고 이해하는 것은 물론, 자기 내부의 여러 인격들의 움직임이나 감정도 관찰하며 조정할 수 있다. 이에 대해서는 이어지는 소인격체 이론에서 다시 다룰 것이다.

내 속엔 내가
너무도 많아서

　꿈에는 수많은 등장인물이 나타난다. 친구, 부모님, 복면을 쓴 남자, 20년 전에 봤던 식당 아줌마, 뜬금없는 너구리 등. 꿈속에서 그들은 평소 모습과는 좀 다를뿐더러 예상치 못한 행동을 하기도 한다. 이를 통해 부모나 친구에 대한 내 진실한 생각을 알게 되기도 하고, 어떤 때는 등장인물이 그가 아닌 다른 것을 상징한다는 것을 깨닫게 되기도 한다. 예를 들어, 친하다고 생각한 친구가 거만한 표정으로 꿈에 나온 후 그에게 열등감을 느끼는 나 자신을 발견하거나, 꿈에 너구리가 나와 나를 귀찮게 했는데 가만 생각해보니 별명이 너구리인 선배를 평소 내가 귀찮게 여겼던 것 같은 식이다.

　이런 등장인물들은 그 사람 자체가 아니라, 내가 그에게 가지고 있는 이미지, 감정, 기억 들의 연합체가 가진 일면이라고 볼 수 있다. 꿈에서 내가 송충이를 봤다 하더라도, 그것은 정밀한 이미지가 아니라 송충이에 대한 여러 정보의 패턴일 뿐이다. 그러므로 꿈에서 무엇을 보건 그것은 '나'라고 봐야 한다. 나의 정신적 속성이 형태를 가지고 나타난 것이다.

이러한 형태들은 개인마다 특이성을 가지게 되지만 어떤 추상적 개념들은 전형성을 보이기도 해서, '권위'는 꿈에서 아버지나 학교 선생님의 모습으로 나타나며 '사랑'은 어머니의 앞치마나 이성친구의 모습으로 나타나기도 한다.

꿈에서 더 극적으로 등장하긴 하지만, 평소 우리의 정신세계에도 여러 가지 인격이 존재한다. 누구나 혼잣말을 해본 기억이 있을 것이다. 실수를 하고 나서 혼자 "이 바보야, 넌 정말 구제불능이구나" 하기도 하고, 성공한 후에는 "하하, 역시 나는 천재야. 정말 잘했어. 우리 한번 다음 일도 잘 해보자" 하기도 한다.

과연 여러분은 누구에게 이런 말을 한 것일까? 왜 '나' '너' '우리' 등으로 말의 주체가 계속 바뀌면서도 혼란스러워하지 않는 걸까? 사람의 내면은 여러 가지 인격들로 구성되어 있는데, 이는 특정 상황에 적응한 캐릭터이기도 하고 필요에 의해 만들어진 캐릭터이기도 하다. 누군가를 따라 하거나 상상해낸 성격일 수도 있다.

이런 캐릭터들이 분명한 정체성을 가지고 나타나는 질환이 '다중인격장애Multiple Personality Disorder'다. 이 질환에서는 대표 인격이 쉽게 바뀌며, 그 내부에는 상당히 구체적인 인격도 있고, 말도 잘하지 못하는 미숙한 인격들도 존재한다. 재미있는 것은 이들을 치료할 때는 각 인격들을 통합하는 시도를 하는데, 서로의 입장을 이해시키고 사이좋게 만들어 원래의 대표 인격이 중심 역할을 제대로 할 수 있도록 한다. 마치 사이 나쁜 가족들을 모아서 가족치료를 하는 것처럼 말이다.

다중인격장애의 원인으로는 어릴 때 받았던 성적·신체적 학대가 많이 거론된다. 슬픈 이야기지만, 학대를 당하는 경우 그 상황을 견디기 어려우므로 자신과 영혼을 분리해 자신을 밖에서 관찰하듯 위치시킨다는 이야기가 있다.

'나는 이 아이 A와는 다른 사람인 B니까, 고통스럽지 않아.'

이렇게 생각하며, 자신을 보호하는 것이다. 이는 자신을 보는 타인의 시점을 상상하고 그것에 정체성을 부여하는 것인데, 당연히 뇌에서 일어나는 현상이므로 자기 내부에 독립적인 인격으로 남게 될 것이다. 이런 분열 현상은 성폭행이나 심각한 폭행을 당하는 성인에게서도 유사하게 나타날 수 있다.

이런 개념을 본격적으로 다룬 정신 치료기법으로, '내적 가족 시스템 치료Internal Family Systems therapy, IFS'라는 것이 있다. 이 모델은 마음속에 여러 가지 '하부 인격Sub-personality'들이 존재하고 있어, 평소에는 무대 아래에 있다가 필요한 상황이 되면 마음의 주 무대에 등장해 그 사람을 지배한다고 본다. 회사에서는 '엄격한 관리인' 인격이 나타나지만, 집에 돌아가면 '자애로운 양육자' 인격이 나타나는 것처럼 말이다.

하부 인격에는 세 가지 종류가 있다. 첫 번째 인격은 '추방자Exile'로 불리는데, 이는 부정적인 경험으로 인한 트라우마, 분노 등을 안고 있는 상처받은 인격이다. 이들은 평소에 튀어나오지 않도록 의식에서 추방되어 있어, 제대로 발달되어 있지 않다. '물어뜯는 개' '분노에 불타는 아이' 같은 인격들이라, 학대하던 아버지와 비슷한 나이의 사람을 만나면 자기도 모르게 공격적으로 변한다든가 연인을 의심하며 몰아세우는 경우 추방자에게 장악되었다고 볼 수 있다.

두 번째는 '관리자Manager'라 하는데, 이는 추방자들이 함부로 튀어나오지 않도록 억압하는 역할을 한다. 감정을 자제시키고, 계획을 지키도록 행동을 조절한다. 이들이 중심을 잡고 있으면 안정되어 보이기도 하지만, 자칫 너무 엄격해질 수도 있다.

세 번째는 '소방관Firefighter'으로, 추방자가 풀려나왔을 때 그 사람이 고통받지 않도록 주의를 흩트리는 역할을 한다. 즉, 불안이 올라오면 음주, 과식 등 무엇이든 활용해 고통을 줄이도록 돕는다. 이들이 잘 쓰이면 즐거움을 알고 긴장을 줄일 수 있는 사람이 되겠지만, 잘못하면 여러 가지 충동 조절에 곤란을 겪을 가능성도 있다.

이들의 중심에는 스스로를 '관찰하는 자아'가 있다. 이는 자신의 모습, 행동, 의도 등을 객관적으로 관찰해 어려운 갈등도 해결할 수 있는 힘을 가지고 있다. 관찰하는 자아를 중심에 놓는 것이 치료의 핵심으로, 이를 '참자아the Self'라고 한다. 참자아는 일단 무대의 중심에 등장하고 나면, 하부 인격들의 상처를 치유하고 그들을 균형 있게 조율하여 같은 팀으로 움직일 수 있도록 돕는다.

이렇듯 자기 내부의 관념들을 구체적인 인격으로 표현하는 데는 상당한 장점이 있다.

"내가 식탐을 줄이지 못하는 건 애정을 갈구하는 마음이 식탐을 자극해서 그래. 하지만 난 이미 회사에서 안정적인 사람이라 인정받고 있지. 이제는 만족해도 된다고 봐." "내 안에 엄마를 찾는 아기가 있구나. 그 애는 엄마 젖을 원하듯 먹을 것을 계속 찾지. 하지만 난 이 정도면 괜찮은 사람이고, 내 안에는 이미 자애로운 엄마가 있어. 이 엄마랑 아이가 만나게 해주자."

후자의 표현이 훨씬 감정적으로 와 닿지 않는가? 애정은 애정일 뿐이지만 엄마는 그 이상의 존재이니까. 시적 표현은 단순한 단어 이상의 정보를 내포한다. 또한 내부의 나쁜 속성들도 인격화시키면, 자기가 아닌 타자처럼 느껴져 문제점을 인정하기 쉬워진다.

"성격 더러운 것도, 모자란 것도 다 나야. 그냥 이대로 살래." "내 마음속에 있는 고집 센 놈을 좀 달래야겠군."

전자의 태도에서 후자의 태도로 변화할 수 있는 것이다.

자신의 언행이 평소답지 않다거나 감정이 과격해졌다거나 수줍 어졌다거나 말투가 다른 사람처럼 변했을 때, 우리는 그 변화를 스스로 깨달아야 한다. 여태까지 수줍게 말하던 사람이 아이 양육 문제에 대해 말할 때는 당당한 목소리로 엄격한 양육을 주장한다면, 이 모습이 누구에게서 온 것인지를(대개는 자기 부모님이나 롤모델이다) 생각하라. 누군가와 비슷하다는 생각이 들면, 왜 아이 문제에 그 사람이 등장했을지 따져본다. 영화 〈배트맨Batman〉에서 배트맨이 자기가 제일 무서워하는 박쥐인간으로 변신해 두려움을 없앴듯이, 어느 순간 갑자기 내가 평소보다 훨씬 더 당당해졌다면 그 모습은 사실 내가 가장 두려워하는 대상의 모습일 수 있는 것이다.

그다음으로, 과연 그 상황에서 그 인격이 나오는 것이 적절한가 생각해본다. 아이를 다룰 때는 자애롭고 균형 잡힌 존재가 나와야 하는데, 내가 가장 무서워하는 존재가 나온다면 부적절한 양육이 되기 쉽다.

이런 생각들을 해가며 자기 내면에서 불쑥 튀어나오는 여러 가지 인격들을 이해하다 보면, 그들을 관찰하는 새로운 자아가 발달하기 시작한다. 처음에는 그들이 밉거나 부끄럽지만, 내부의 부정적 자아도 긍정적 자아들과 함께 맡은 역할이 있음을 차차 이해하게 된다. 결국 자기 자신은 성장하고 있는 존재이며 아직 완벽하진 않더라도 내가 옳은 길을 가고 있음을 이해하고, 자애롭고 균형 잡힌

눈으로 자기를 바라볼 수 있게 된다. 구체적인 사례를 살펴보자.

대학을 졸업한 미선은 취직이 되지 않아 집에만 있다 보니 남동생과 갈등이 많아졌다. 그러던 중 더는 동생을 신경 쓰지 않겠다고 결심한 후, 기분이 좋아졌다. 하지만 가끔 동생 방을 말도 없이 치워버리거나, 동생 물건을 그냥 버리는 일이 생겼다. 그 때문에 어머니 앞에서 다시 동생과 싸우다가, 울먹거리며 어머니에게 이런 말을 했다.

"엄마 쟤 혼내줘. 나 쟤 싫어."

본인도 다른 가족들도 어이가 없어서 피식 웃었다.

이런 경우는 쉽게 말해 '퇴행退行, Regression'이라 할 수 있는데, 어린아이의 하부 인격이 노골적으로 등장했다고 볼 수 있다. 아마도 동생을 신경 쓰지 않겠다고 말한 그 순간부터인 것으로 보이는데, 동생이 없었던 시절의 아이로 돌아갔기 때문에 동생의 존재를 쉽게 무시할 수 있었을 것이다.

이 이론을 자기 자신에게 한번 적용해보자. 가장 쉬운 방법은 처음에 얘기한 대로 혼잣말을 되새겨보는 것이다. 이는 하부 인격 간의 노골적인 대화로 볼 수 있다. 사람들과 있을 때보다는 혼자 있을 때, 특히 운전을 하거나 혼자서 여행할 때 많이 나타나며, 고민이 있거나 문제를 해결해야 할 때도 늘어난다.

이 경험을 지나치지 말고 대화로 만들어보자. 혼자서 운전하다 이런 말을 했다.

"에구, 용진아. 어제 왜 그랬냐. 후배한테 그렇게 모질게 할 건 아니었는데. 걔도 사람인데, 실수도 할 수 있잖아. 너도 실수하고 그러고 사는 거지…. 쯧. 너 앞으론 그러지 말자. 화를 그렇게 내니 기분 좋냐? 다음 주에 술이라도 한 잔 사주든가 해야지, 그치?"

사실 이는 두 명의 대화인데, 다른 한 명은 숨겨져 있는 것이다.

"에구, 용진아. 어제 왜 그랬냐. 후배한테 그렇게 모질게 할 건 아니었는데." (아, 화가 나서 그랬지.)

"걔도 사람인데, 실수도 할 수 있잖아. 너도 실수하고 그러고 사는 거지…. 쯧." (나도 실수한 거 안다, 알아.)

"너 앞으론 그러지 말자. 화를 그렇게 내니 기분 좋냐?" (좋지 않지. 어떻게 하면 좋지?)

"다음 주에 술이라도 한 잔 사주든가 해야지, 그치?" (그래 그게 낫겠다. 맘이 좀 편하네.)

이렇듯 혼잣말에는 자신은 인지하지 못하는 사고 과정이 숨어 있는데, 혼잣말의 주체는 내가 아니라 실은 형님이나 선배 같은 하부 인격인 것이다. 조언을 들은 '후배에게 화난 자아'는 술이라도 사야겠다고 결심하고 기분이 좀 편해진다. 이때 재미있는 것은 나의 내면에 이미 성숙한 선배가 존재한다는 것이다. 그러나 아직 그 선배가 내 마음의 주 무대를 차지한 것은 아니고, 가끔씩 등장할 뿐이다. 앞으로 그에게 좀 더 많은 출연 시간을 보장해주면, 그의 역할은 늘어나게 될 것이다.

이번에는 반대로 자기 자신에게 욕을 해보자. 본인이 실수하면 대개 '아이고, 이 바보야. 대체 왜 그랬어' '멍청아, 넌 왜 이렇게 사니' 정도로 꾸짖을 것이다. 이때 한번 자기 스스로에게 심한 욕을 해보라. 그리 쉽지 않을 것이다. 자기 자신이 그 정도까지는 아니라고 여기기 때문이다.

이게 쉽게 되는 사람들이 있는데, 바로 자학 증상을 가진 우울증 환자들이다. 이들은 자기 스스로에게도 아주 심각한 욕설을 하거나 스스로를 낮잡아 대우하기도 하는데, 이는 진심으로 자신을 미워하기 때문에 가능한 행동이다. 그렇게 생각해보면 아무에게나 심한 욕을 함부로 하는 사람은, 자기 자신도 경멸하고 있어서 그럴 수 있는지도 모른다.

자기 안의 하부 인격들의 존재가 명백해지면, 그때부터는 필요에 따라 그들을 불러낼 수도 있다.

"네 생각은 어때?" ("말해 뭐해. 네가 사과하면 되는 거지.")

"자존심 상하는데." ("상대방 자존심은 생각 안 하냐? 걔가 더 하겠지?")
"나 참. 내가 왜 이런 일에 휘말려서."

'자기 통합'이라는 말이 어렵게 들릴 수도 있다. 그러나 내면의 하부 인격들끼리 친근하게 대화를 진행한다고 생각하면 더 쉬울 것이다.

나만의 신화가
필요한 우리들

혹시 사주나 점을 믿는가? 믿지 않는다 하더라도 좋은 이야기는 어쩐지 내내 기억하게 되고, 나쁜 이야기는 신경이 쓰여 조심하게 되지 않던가? 어린 시절 나를 보고 지나가던 스님이 어머니에게 "이 아이는 위대한 인물이 될 터이니, 잘 키우시오"라고 했다는 이야기를 들으면, 왠지 내 미래가 기대되게 마련이다. 어머니가 "너 가졌을 때 독수리가 내 품으로 들어오는 태몽을 꾸었다" "우리 가문의 대표 동물이 잉어인데, 네 태몽도 잉어가 나오는 거였다" 같은 이야기를 들려주시면, 왠지 신비롭기도 하고 내게 고귀한 피가 흐르는 것만 같은 기분이 들기도 한다. 그래서 괜히 족보를 뒤적이며, 선조 중에 어떤 분이 계셨나 찾아보기도 하고.

사주, 점, 계시, 혈통 같은 것들은 그 사람에게 일종의 운명을 계시하는데, 진위 여부를 떠나 삶에 현실을 넘어선 영원한 시간을 부여해 삶을 신비롭게 만든다. '그렇게 살게 될 것'이라는 암시가 실제로 그렇게 살도록 만들기도 하며, 실제로 그 말을 들은 본인도 점점 거기에 살을 붙여 더 풍부한 이야기를 만들게 된다. 이것이 '개인의 신화'다.

"내가 살아온 이야기를 소설로 쓰면 몇 권은 나올 것"이라는 말처럼, 한 사람의 내면에는 그 사람만의 이야기가 존재한다. 그 이야기를 자세하게 엮어낼 수 있는 예술가도 존재하고, 사주나 예언 같은 단편적인 이야기로 자신을 정의하는 사람도 있다. 자기의 것이 없는 경우, 좋아하는 소설이나 동화, 성경, 불경 같은 신적 존재의 영웅 신화를 빌려와 그것을 자기의 것으로 삼기도 한다. 그러나 위대하고 따를 만한 이야기일지라도, 이는 몸에 맞지 않는 옷을 걸친 것처럼 어색하게 보일 수도 있다.

신화는 개인마다 독특한 구조나 내용을 가지고 있지만, 대체로 다음과 같은 영웅 신화의 얼개를 취하는 경우가 많다.

탄생의 신비 → 유별난 어린 시절 → 방황, 유혹 → 극복과 함께 각성 혹은 능력을 얻음 → 동료를 얻음 → 악과의 싸움 → 승리 → 실수 → 죽음 → 부활과 함께 영원한 존재가 됨

이는 사람이 어떤 과정을 통해 유혹을 물리치고 정신적 승리를

거두어 영원한 존재가 될 수 있는가를 설명하는 것으로, 성경, 불경, 그리스 신화, 일본 신화 등 여러 고대 신화에서 반복적으로 나타난다.

이런 내면의 이야기들에는 환상적 요소가 있는데, 마치 꿈에서 모험을 하는 듯한 비논리적이고 기괴한 형태를 따른다. 그러나 본인만큼은 그것이 내 마음을 더 적절히 표현한다고 느낀다. 그 이질적인 부분에 더 매력을 느끼고, 거기서 더 많은 상징과 살아가는 영감을 찾아낼 수 있다.

이런 개념을 연구한 사람이 바로 융이다. 그는 신화에서 반복되는 심리적 요소들과 개인의 심리적 상징 간에 공통점을 찾아냈으며, 특히 꿈속의 이야기를 진실한 자기 모습을 알고 삶의 완성해나갈 수 있는 메시지로 여겼다.

나 역시 인생의 변화기에 꿈속에서 잊히지 않는 장면이나 상황을 종종 보곤 했다. 내 내면의 콤플렉스가 구체적인 형태를 띠고 나타나기도 했고, 나를 죽이려고 쫓아오기도 했다. 우주가 열리는 장면을 보거나, 바다 한가운데에서 평화와 안식의 이미지를 본 적도 있다. 지금은 꿈 이외에도 소설, 영화 혹은 일상의 사물이나 내담자들과의 대화에서 영감을 받기도 한다. 그리하여 짤막하고 소박한 나의 이야기를 가질 수 있었고, 지금도 거기에 맞춰 살아가고 있다고 생각한다.

다음에 이어질 이야기는 융의 분석심리학을 기본으로, 자아심리학, 내적 가족 시스템 이론을 참조해 만든 것이다. 분명 내 꿈이나 들은 이야기를 참조하긴 했지만, 누구에게나 공통된 의미를 지닐 수 있도록 일반적인 신화나 환상 이야기를 많이 섞었다. 꿈인지 환상인지 알 수 없는, 내면에서 흘러나왔을 법한 모호한 이야기가 정확히 어떤 의미를 가지고 있는지 상세하게 분석했다.

익숙지 않은 형식을 취한 이유는 선명하다. 연역적으로 설명하자면 너무 방대한 이야기이지만, 자신이 경험했던 꿈이나 좋아하는 소설, 판타지와 대비하며 그 의미를 분석하는 법을 얘기하면 효율적으로 설명할 수 있기 때문이다. 내면 세계는 꿈처럼 추상적 요소들이 형태를 갖추고 서로 상호작용을 하여 이야기를 만드는 곳이기 때문에, 마음을 직접적으로 드러내려면 환상적인 이야기의 형태를 띨 수밖에 없었다. 만약 더 궁금하다면, 융의 분석심리학에 대해 추가로 알아보기를 추천한다.

원시적인 세계, 혼돈의 감정

나는 세상을 방랑하고 있다. 바다는 들끓고 있고, 섬과 섬 사이에는 새로운 섬들이 들어섰다. 여기저기에 늪과 웅덩이가 있는데, 조심해서 걸어야만 했다. 잘못 들어서면 빠져들어 가는 것은 물론, 가끔 뜨거운 열기가 터져 나와 큰 상처를 입을 수도 있다.

멀리 보이는 거대한 붉은 호수는 안 그래도 불길해 보였는데, 누가 건드렸는지 둑이 허물어지면서 격렬하게 바다로 쏟아져 내린다.

그곳을 빠져나오니 들판이 나타났다. 아직도 습한 땅의 저편에는 먹구름이 소나기를 뿌리고 있고, 비는 강이 되어 흐르고 있다. 아마도 이 지역은 언젠가 비옥한 땅이 되리라. 저 멀리에 산들이 보이기 시작했고, 내 앞에 수많은 사람이 걸어서 자연스레 생긴 길이 나타났다.

가끔씩 새들이 하늘을 나는 게 보여 어디로 가야 할지 가르쳐 주었지만, 머무를 수 있는 곳은 아직 없다. 산속에 들어서자 갑자기 험한 길이 나타난다. 음침하고 어두운 안개가 드리워져 있어 불안했으나, 그곳밖에 길이 없다. 가끔씩 보이는 해나 달이 내가 맞는 방향으로 가고 있는지 알려줄 뿐이다.

심리 검사를 할 때 사람이나 풍경을 그려보라고 하면, 사람들은 여지없이 자기 내면을 그린다. 사람도 자기와 닮은 누군가를 그리고, 풍경도 자기 내면의 스산한 현실이나 포부에 찬 미래를 그린다. 일부러 다른 것을 그려보라고 해도, 조금 지나면 다시 나에 대한 주제로 돌아온다. 사람은 항상 자기 자신을 생각하고 있고, 가장 친숙한 존재도 자기 자신이기 때문일 것이다. 우리는 현실 세상에 산다고 생각하지만, 실제로 우리 뇌가 느끼는 것은 심리적 경험뿐일지도 모른다.

여러분이 살고 있는 심리적 환경이 어떠한가를 보려면 꿈을 생각하면 된다. 꿈은 무작위적인 정보의 나열이라는 설도 있고, 내용은 달라도 현실에서의 감정 상태를 그대로 반영한다는 설도 있다. 심층적인 무의식적 의도들이 있다거나 인류 공통으로 존재하는 삶의 상징이 있다는 이론도 존재한다. 적어도 확실한 것은 꿈에 나오는 모습이나 상황이 현실이나 마음의 비유 혹은 상징이라는 것이다. 나의 내면에 있는 분노가 격류로 표현되거나, 보이고 싶지 않은 부분들이 지하실이나 창고로 나타나기도 한다.

앞의 이야기는 꿈의 한 장면으로 해석할 수도, 이 사람이 무척 좋아하는 소설의 도입부로 볼 수도 있다. 전자라면 그의 정신세계가 그 모습을 직접적으로 보여주는 것일 테고, 후자라면 그 소설이 그의 정신세계와 상당히 유사한 모습이어서 매혹적으로 느끼는 것일 테다. 너무 거창해 보이는 도입부라 마음에 들지 않을지도 모르겠지만, 저 이야기가 내면의 풍경이라고 할 때 그 내면이 어떤 상태로 느껴지는가? 아니면 영화에서 저런 장면을 보았다면, 감독의 의도가 무엇이라고 느껴지는가?

가장 먼저, 1차적인 은유들에 대해 이야기해보자. 내면에는 수많은 감정들이 공간 여기저기에 흩어져 있다. 단순하게는 벌레 같은 원초적 공포도 있겠고, 권위적 인물에 대한 분노, 특정 사람에 대한 호감 등이 중심을 이루고 있을 것이다.

여기, 평생 소주를 마시던 알코올 중독자 아버지를 둔 사람이 있다. 아버지에 대한 감정을 억제하며 살아온 그는 내면에 부정적 감정이 호수처럼 쌓여 있을 것이다. 이 사람은 평소에는 아무 문제없는 듯이 보이지만, 누군가가 술을 강요한다든가 윗사람이 술을 마시고 아버지와 비슷한 행동을 할 때는 자기도 모르게 내면의 분노가 터져 나올 수 있다. 술주정이 트리거Trigger가 되어 감정이 열리는 것이다.

은유적으로 보면, 부정적 감정은 알 수 없는 해로운 물질이 묻혀 있는 매립지라거나 오염된 물이 고여 있는 썩은 호수로 나타날 수 있고, 아버지를 상징하는 누군가는 땅을 헤집고 있거나 둑을 무너뜨리는 것으로 묘사될 수 있다. 터져 나온 오염물질에 주인공이 휘말려 고생하는데, 이는 자기 감정의 격랑에 휘말려 고뇌하는 과정을 의미한다. 꿈이나 이야기에서 종종 볼 수 있는, 홍수로 넘쳐나는 격류, 견고한 댐, 벽, 아름다운 나무, 귀여운 다람쥐 등은 자기 내면에 있는 격한 감정, 방어, 희망과 의지, 위로 등의 요소들이 형태를 갖춘 것으로 이해할 수 있다.

앞의 이야기를 좀 더 넓은 시각에서 보자면, 이는 일종의 영웅담의 시작이라 볼 수 있다. 너무 급작스럽게 고난의 순간부터 시작하는 것처럼 보이지만, 용암이 들끓고 섬이 생기는 바다는 생명의 시작과 혼돈의 세계를 의미하며, 비가 내리는 초원은 육지가 생겨 식물이 생기는 시점을 뜻한다. 여기에 동물과 인간의 흔적까지, 이야기 전체가 점차적으로 생명의 탄생 과정을 축약한 것이라 볼 수 있다. 원시적 본능이 가지고 있는 위험으로부터 영혼을 보전하며, 나의 선배들이 닦아놓은 길을 통해 인간이 사는 마을, 즉 인간성의 세계로 걸어가는 여정이 드러난다. 초원은 비가 내리고 생명이 자라는 것으로 보아 나중에 훌륭한 인간성이 성장할 토양이 되겠지만, 아직은 내면이 우울한 본능의 영역에 머물러 있으며, 가끔 보이는 새들은 나를 초월한 높은 존재로서 당장은 나에게 가까이 오지 않지만 멀리서 길을 인도하고 있다고 해석할 수 있다. 해와 달은 분명한 진리의 상징이다. 혼란스럽고 괴롭다 하더라도 항상 존재하는 진리를 보며 길을 찾는다.

마음을 지키기 위한 벽

마지막 언덕을 넘으니, 사람이 살고 있는 집들이 드문드문 나타났다. 너무 지쳐 조금이라도 쉬고 싶다. 첫 번째 집은 허술하기 짝이 없는 짚으로 만든 집이다. 문이 없어서 주인을 불렀는데, 대답이 없다. "후욱!" 하고 불었더니, 한 번에 다 무너져버린다. 잘 보니, 안에서 주인이 오들오들 떨고 있다. 나는 "죄송해요. 무너질 줄은 몰랐어요"라고 사과를 했지만, 주인은 "제발 살려주세요"만 반복한다. 아무리 말을 붙이려 해도 상황이 나빠지는 것 같아 그 집을 떠났다.

4장 | 나라는 나라의 지도

두 번째 집은 높은 나무 울타리가 가로막고 있다. 문이 없어서 어떻게 들어가나 싶어 둘러보니, 바로 옆에는 벽이 없다. 안에는 자그마한 나뭇가지로 지은 집이 있다. 인사를 건네자, 주인이 엄청 놀란다. 도대체 어떻게 여기를 들어왔느냐는 거다. "그냥 옆으로 들어왔는데요?" 했더니 마구 화를 낸다. 할 수 없이 사과하고 도망쳤다.

세 번째 집은 번듯한 벽돌집이다. 담도 높은 데다 대문도 커다란 것이 위압감을 준다. "잠시 쉬어갈 수 있을까요?" 하고 청하니, 친절하게 들어오라고 한다. 집 안에는 공을 많이 들인 정원이 있다. 주인은 나를 반갑게 맞으며 음료수를 준다. 집을 들여다보니, 의외일 정도로 문이 작다. 저 사람이 어떻게 나왔는지 모를 정도다. 잠깐 휴식을 취하고, 다시 길을 나섰다.

멀리 산 아래에 성 같은 큰 건물이 보인다. 주변에 높고 튼튼한 벽이 서 있고 안에는 사람들이 여럿 보인다. 가운데에는 으리으리한 3층 집이 있다. 문지기가 서 있는데 통과하기 힘들 것 같다는 생각이 든다. '여기에 들어가려면 투석기로 문을 부수고 병사들로 총공격을 해야겠는걸' 하고 생각하는데, 북동쪽의 담은 벽돌이 아니라 토벽을 대충 쌓은 것이란 걸 알았다. 군데군데 백성들이 담을 넘어 다닌다. '여기로 들어가면 되겠네' 싶다.

담을 넘어가기 전, 먼 산을 보았다. 걸어가기 힘들 정도로 먼 곳에 집이 있는데, 그 집은 소박한 모양새이지만 단순하고 오묘한 빛을 내고 있다. 저 집은 뭘까?

주인공은 사람들이 사는 곳, 즉 내면의 인간적인 부분들이 모여 있는 영역에 들어섰다. 이 단계는 내면이라기보다 사람들과의 대인관계 방식에 대한 영역이라 할 수 있다. 이것이 꿈이라면 그 사람의 대인관계 방식의 종류가 드러난 것으로 볼 수 있고, 만난 사람들은 내가 현실에서 맞서고 있는 여러 종류의 사람 혹은 스트레스를 상징하는 것으로 볼 수 있다.

사람은 기본적으로 자기 자신 그대로 있고 싶어 하며, 조금이라도 무언가가 달라지면 불안을 느낀다. 제일 먼저, 자기 신체에 위협이 오는 상황을 피하고 싶어 하며, 자기 신체에 위협이 올지라도 당장 편한 상태를 방해받는 것을 싫어한다. 정신적으로 공정하지 못하다고 느끼거나, 자기 정체성이 허물어지는 느낌이 들 때도 거부감은 명확해진다. 그래서 정신과나 상담소 가는 것을 매우 두려워하는 사람들은 '현재 정신 상태가 좋지 않다'라는 말에 정체성이 흔들리는 것을 느끼는데, 평소 자기 내부를 탐색한 경험이 적기 때문에 타인의 관찰이 불안하게 다가오는 것이다.

집은 그 사람 인격의 외부 모습이라 할 수 있고, 담은 타인과의 경계선으로 최소한의 방어선이라 볼 수 있다. 자신의 마음에 담이나 성을 두르고, 다른 사람들의 침입에 방어하는 것이다. 어떤 사람은 접근할 때마다 돌을 툭툭 던지면서 가까이 오지 못하게 하기도 하

4장 | 나라는 나라의 지도

고, 어떤 사람은 제대로 된 문을 가지고 있어서 적절하게만 접근하면 의외로 반가이 맞아주기도 한다.

앞에 나온 다섯 가지 집에 대한 비유를 해석해보자. 첫 번째 집에는 겁 많은 집주인이 산다. 타인의 접근을 두려워하는 것이 지나쳐, 모든 접근을 공격으로 간주할 뿐만 아니라 다가가는 것만으로도 상처를 받곤 한다. 친근하게 말을 걸거나 인사를 해도 반응이 적어 '이 사람이 내 말을 잘못 알아들었나?' 혹은 '나를 무시하나?' 하는 오해를 산다. 과감하게 접근하면 눈물을 뚝뚝 흘릴 정도로 심성이 여리다. 이들은 짚으로 만든 집에 사는 것처럼 보인다.

두 번째 집은 나름대로 방어는 하고 있다. 집주인은 나뭇가지로 담을 세웠으니 남이 들어오지 못할 거라 생각하고 자신만만하다. 그러나 옆이 텅텅 비었다. 이건 들어오라는 건가 말라는 건가 갸웃하며 그 집에 들어서는 순간, 당황하고 만다. 대화 도중 자기가 한 나쁜 짓을 다 얘기해놓고, 옆 사람이 "하하하! 너 나쁜 놈이었네" 하면 순간 발끈하는 사람들을 생각해보라.

세 번째 집은 탄탄하게 방어가 되어 있지만, 입구가 없는 것은 아니다. 적법하게 청하면, 타인들을 자기 마음에 받아들여준다. 사실 우리가 생각하는 전형적인 '보통 사람'의 마음은 이와 비슷할 것이다. 정원이나 집의 외견은 참 아름답게 꾸며져 있다. 주인은 바깥에 보여줄 수 있는 부분은 굉장히 공들여 가꾸었을 것이다. 그러나 이상할 정도로 문이 좁다. 남에게 보여주는 모습은 참 우아한데, 융통성이 없어서 이질적인 남의 생각을 당최 받아들이지 못하는 사람에 대한 비유다. 들어가보면 집안 내부는 정원과는 상당히 다른 모양을 하고 있을 가능성이 크다.

네 번째 집은 일종의 성이다. 겉모습이 화려한 기업인, 지식인, 정치인 같은 유명인을 떠올리면 쉽다. 외부에 보이는 모습은 대단히 세련됐으며, 집의 규모나 사는 사람들이 엄청나게 많은 것으로 보아 박식하고 생산적인 인물 같다. 다만 높은 담과 엄격해 보이는 문지기로 볼 때 개방적인 타입은 아니며, 엄격함이 있다고 봐야 한다. 일단 자신의 생각과 크게 배치되지 않는다고 판단되면, 서로 공존할 수 있는 사람으로 느껴진다.

실제로 상담 시 유명인들을 만나 보면 하나같이 무척 버겁다. 그들도 사람인지라 정신과 의사를 마주하면 불안하기 때문에 무의식 중에 자신이 가진 기술들을 제대로 발휘하는데, 안타깝게도 치료자는 그에 압도당해버린다. 유명인들의 화려한 대인 기술을 웬만한 치료자는 다룰 수가 없다. 어떠한 조언이나 공감, 분석도 다 그들의 맥락 안에서만 받아들여지며, 치료자의 말이 그들에게 참신하게 느껴지거나 그들의 내면까지 닿기는 힘들다.

그들에게도 당연히 약한 부분이 있다. 이는 그들과 정면으로 부딪히는 공식적인 관계가 아니라, 아주 개인적인 관계를 가질 때에야 드러난다. 예를 들면, 평소 성격이 드센 사람이 분명한데 이상하게도 한두 살 연상의 여자들 앞에서는 순한 양이 된다든가 동생뻘인 사람의 노골적인 충고는 쉽게 받아들이는 경우가 있다. 이는 어릴 때 이모나 누나 품에서 좋았던 기억이 있다거나, 큰 영향을 줬던 사람의 나이와 비슷한 나이대의 사람이 충고를 하면 진실하게 들려서 그럴 수 있다. 어찌 됐든 그들의 내부가 과연 보이는 것처럼 화려하고 잘 정돈되어 있을까? 그건 내부로 들어가 하나하나 뜯어보기 전까진 알 수 없는 노릇이다.

저 멀리 보이는 다섯 번째 집은 네 번째 집의 세속적인 느낌과 확연히 대비된다. 그들은 자주 만날 수도 없으며, 만나더라도 내가 그를 알아볼 수 있는 눈을 갖추고 있어야 한다. 나에게 완전히 이해될 수 없기에 신비로운 빛이나 형태를 가진 것처럼 보이는데, 타인과의 경계도 불분명하여 딱히 담이나 벽이랄 것도 없다. 이들에 대해서는 나중에 다루기로 한다.

집 내부에는 무엇이 있는가

나는 토담을 뛰어넘어 성벽 안으로 들어갔다. 집은 튼튼한 20세기 초 식민지 건물의 형태로, 고전적인 느낌을 준다. 정원에는 다양하고 아름다운 나무들이 일렬로 잘 배치되어 있다. 정문을 통과해 들어온 사람들은 부유해 보이고, 서로 맛있는 것을 즐기며 대화를 나누고 있다. 일단 들어온 사람들은 현관으로도 쉽게 들어갈 수 있다. 그러나 토담을 넘어 들어오는 사람들은 달랐다. 차림새가 누추하고, 불쾌한 표정을 지은 채로 그 집 뒤편에 있는 쪽문 같은 곳을 오가고 있다.

다행히 내 옷차림이 나쁘지 않았기에 현관으로 들어섰다. 친절한 집사가 인사를 건넨다. 응접실로 안내받는 도중 시종, 하녀, 요리사 등 많은 사람을 만났는데, 너무나 깍듯하게 미소를 보낸다. 정말 친절한 집이군.

사람들은 흔히 자신의 몸이나 정신 세계를 드러낼 때 집, 성, 세계 같은 비유를 든다. "우리의 몸을 구석구석 청소합시다" 같은 말은 몸을 집에 비유한 것이며, "네 마음의 벽을 무너뜨리고야 말겠어"라는 말은 마음을 집이나 성에, "너를 상대하는 건 정글 탐험하는 것 같아" 같은 말은 그 사람의 다양성이나 산만함을 정글이라는 지역에 비유한 것이다. 몸은 흔히 '나'라는 자아를 가두는 주머니이자 보호하는 갑옷으로 여겨졌고, 세상은 신의 육체, 대지의 여신으로 상상되어 왔으며, 정신 영역도 집이나 성을 넘어 자연, 대륙, 세계, 우주 등으로 그려졌다.

이러한 은유들은 경험에서 나온 것이다. 집을 지어본 적 없는 원시인들이 과연 마음을 집으로 표현했을까? 집은 집이 발명된 이후에 나타난 비유이며, 성도 성이 발명된 이후에 등장한 비유다. 우주를 알게 된 것도 얼마 되지 않았다. 우리는 우리의 마음을 자연스럽게 표현할 수 있다고 생각하지만, 이 세계에서 인식하지 못한 것에 비유할 수는 없다. 따라서 현실에서의 경험이 창조적이고 세밀할수록, 우리의 사고도 더 미묘한 부분까지 비유로 정확하게 설명할 수 있는 것이다.

'집-나무-사람 그림 검사House Tree Person Test, HTP Test'는 말 그대로 종이에 집, 나무, 사람을 그리게 해서, 거기에 나타난 내면의 풍경을 추리해내는 검사다. 여기에서 '집'은 삶의 물질적인 측면을 나타내고, '나무'는 생명 에너지와 그 방향을 나타내며, '사람'은 그린 사람의 자아상을 반영한다. 특히 집 같은 경우, 그 사람의 수준에 따라 나를 지키는 안전한 장소라는 단순한 상징부터, 자신의 몸을 반영하거나 사회적 지위 혹은 성공 등에 대한 욕구를 보여주기도 하며, 점점 나아갈수록 나의 자아상이라는 심리 세계를 반영한다.

이야기에서 주인공이 들어간 집은 크고 튼튼하다. 둘레에 성 같은 담이 있고 문지기가 사람들을 통과시킨다는 설정에서, 타인에 대해 방어적인 성향을 가지고 있음을 보여준다. 그러나 그 안에는 사람들이 많은 것으로 보아 일단 자신의 기준(아마도 부유하거나 세간의 인정을 받는 등)을 통과하면 친화적인 인물이라 볼 수 있다. 다소 속물적이라고도 볼 수 있겠다. 식민지풍, 고전적, 유럽풍의 정원도 지배적이고 높은 위치를 욕망하는 것을 암시한다. 정원이 아름답게 정돈되어 있다는 것은 내면에 논리 및 일관성이 있음을 뜻하며, 다양한 나무들은 다채로운 호기심과 능력을 상징한다. 일단, 집주인은 보기에 아름다우며, 지식은 치밀하고 과시적이다.

뒤쪽에 깨진 벽도 보인다. 그의 감춰지지 않은 어떤 본질에 지친 사람들이 이 뒷문으로 드나든다. 이 훌륭한 집을 유지하기 위해서는 보이지 않는 많은 노력이 필요하며, 그것이 그렇게 유쾌하기만 한 일은 아니라는 것을 알 수 있다.

사실 이 집주인은 현실에서 만난다면 꽤 괜찮은 사람일 것이다. 아마 상당히 깍듯하고 예의 바를 가능성이 크다. 문제는, 그 정도의 사람이 왜 내면에 경계의 징후들이 많이 보일까 하는 점이다. 이 지점이 바로 이 사람의 내면에 대한 질문이 된다.

"사회적으로 꽤 괜찮은 사람을, 굳이 내면까지 파헤칠 필요가 있습니까?"

분명, 이렇게 질문하는 사람도 있을 것이다. 그렇게 생각하는 것이 바로 여러분 내면의 벽이다. 여러분 역시 사회적으로 드러난 모습에 만족하며 사는 사람이어야만 그런 생각이 들 것이다. 내면을 탐색해본 사람이라면, 그 모호한 존재들에 대한 호기심을 감추기 어렵다.

생각보다 쉽다. 뭐든 과한 것은 무언가를 감추기 위한 것이라고 보면 된다.

집 주인의 서재

인도를 받아 복도를 지나는데, 벽마다 집주인이 살아온 다양한 경험들이 빼곡하게 사진이나 그림으로 전시되어 있다. 몇 대 위의 조상들 사진이나 그림도 걸려 있다. 벽이 잘 보이지 않을 정도다. 호기심으로 그림을 살짝 치워보니 알 수 없는 무늬의 벽돌이 차곡차곡 쌓여 있다. 방은 그리 높지 않은 천장에, 다양한 주제의 책장으로 가득하다.

집주인이 나타났다. 약간 비대한 몸집에 큰 눈, 얼굴은 발그레하다. 친절한 말투를 쓰지만, 약간 피곤한 기색이 엿보이는 인상이다. 나와 간단한 대화를 나누는 와중에도 연신 지시를 내리고 보고를 받는다.

"집에 사람들이 참 많네요."

"네. 다양한 분들을 맞이하다 보니, 사람들이 많이 필요하네요. 가끔은 정신이 없습니다."

"혼자 사시나요?"

"네? 이렇게 많은 사람들과 같이 지내는데요?"

"아니, 가족이라든가 좀 더 가까운 분들이요."

"아. 네, 같이 삽니다. 이쪽은 손님 맞이하는 공간으로 쓰는 건물이고, 저희 가족은 저쪽 건물에서 생활하지요."

"아, 그렇군요. 실례했습니다."

"아닙니다. 제 집을 찾아주셔서 감사합니다. 저는 일이 많아서 이만. 그럼 편하게 쉬다 가십시오."

인사를 나누고 잠시 텅 빈 방에 멍하니 있다가, 갑자기 '저 이상한 벽돌 무늬는 뭐지?' 싶어 자세히 들여다보았다. 그런데 그냥 이상한 무늬가 아니라 일종의 글자나 암호 같은 것이다. 한 부호 뒤에는 관련된 다른 부호가 뒤따라온다. 그 뒤에는 역시 관련된 다른 부호가… 그런 식으로 조금의 오류도 틈도 없이 꽉 짜인 것이 벽을 온통 메우고 있다. 다시 자세히 살펴보니 책장도, 책도, 그림도, 사진도 그렇게 만들어져 있다. 나는 조금 답답함을 느꼈다.

집 주인은 나 같은 뜨내기손님도 얼마든지 만나준다. 뚱뚱한 몸집에 지친 듯한 표정, 방대한 책들. 열심히 사는 사람 같다.

이 집안이 그의 내부를 상징한다고 생각해보자. 그 안에서 만나는 모든 사람들이 사실은 그의 분신이다. 집주인은 프로이트가 말하는 자아(에고Ego)에 가까운 인격으로, 자기 내면의 다른 인격들을 조정하고 다스리는 역할을 한다. 회사에서도 그렇듯 직원들이 각기 자율성을 가지고 일할 때 가장 능률이 좋은 편인데, 여기서는 집주인이 모든 것을 지시하느라 바쁘다. 외부인들이 보기에는 참 좋겠지만, 보이지 않는 곳에서 상당한 노력이 필요할 것이다.

그의 마음속에 많은 책이 존재하는 것으로 보아 그가 박식한 사람인 것은 분명하다. 그러나 그가 그 모든 지식을 다 소화하고 있는지는 알 수 없다. 과연 그는 타인과 소통하며 살고 있는 걸까? "나의 화려한 '지식 랜드'에 잘 오셨습니다. 즐겁게 구경하다 가십시오" 하는 느낌이다.

책, 사진, 이력 등으로 집 전체를 메웠다는 것은 그의 근본을 이루는 토대를 다른 것들로 가렸다는 뜻이다. 사람들을 만나 대화를 하다 보면, 그 사람의 원래 성격이 느껴지지 않을 만큼 끊임없이 자기 살아온 이야기나 책 정보를 늘어놓는 이들이 있다. 이들에게 지식이나 경험은 일종의 방패이자 창이다. 누구나 자신의 맨 영혼은 약한 법이고, 이를 감추기 위해 그가 가장 잘 하는, 잘 아는 분야에 대해 말할 때 사람은 강해지는 법이다. 문제는, 이런 양상을 모든 만남에서 유지하려고 할 때다.

집주인은 유명 지식인이자 다른 사람과 의견도 많이 주고받는 박식한 타입이지만, 그 시대의 전형적인 지식을 통합하는 타입이며, 창조성이나 새로움은 두드러지지 않을 수 있다. 심리적으로는 그다지 깊이가 있진 않아서 가끔씩 유치하거나 무언가에 집착하는 모습을 보일 수 있다.

독특한 것은 조상들의 사진이나 이력이 벽을 메우고 있다는 부분이다. 어떤 사람은 자신이 어디 김 씨, 어디 윤 씨임을 항상 자랑하거나 족보를 들여다보기를 즐긴다. 요즘 세상에 이런 모습이 어색해 보이기도 하지만, 종교를 잃어버린 시대에 자신의 정체성을 찾기 위해 시조를 찾거나 조상의 흔적을 찾는 것이 이상한 것만은 아니다. 아프리카계 미국인이 아프리카를 찾거나 영국계 미국인이 스코틀랜드의 원 가문을 찾아가는 일은 꽤 흔하다. 다만, 이에 너무 집착하는 사람이라면 가문 혹은 부모의 정체성을 자신의 것과 혼동한 나머지 자기보다는 성씨나 가문에서의 역할에 사로잡히기도 한다.

이 사람의 토대를 이루는 벽이나 기둥은 부호로 이뤄져 있다고 했는데, 이는 언어에 대한 비유다. 이 사람의 내면은 치밀하고 복잡하지만, 일련의 언어 규칙에 따라 구성되어 있어 정해진 순서를 따르게 된다. 그러나 언어로는 정확하게 내면을 표현할 수 없기 때문에 진정한 의미를 자꾸 비껴가게 되는데, 이는 마치 매뉴얼에 이 부품과 이 부품이 맞을 거라고 적혀 있지만 실제로는 조금씩 맞지 않는 것과 같다.

이를 벗어나려면, 매뉴얼에 적힌 것과 다른 엉뚱한 부품을 끼워 넣었을 때 정확히 맞아 떨어지는 경험을 해야만 한다. 언어의 일반적인 규칙을 위배해, 정말 미운 사람에게 "너무 너무 사랑한단다"라고 말함으로써 더 강력한 표현을 할 수도 있고, 사람을 낚는 어부 비유를 들거나 연꽃으로 깊은 의미를 상징화하여 위대한 진실을 드러낼 수도 있다. 방금 내가 한 표현은 모호하게 보이지만, 말을 넘어서는 정보를 함축적으로 보여주거나 새로운 지식에 대한 영감을 줄 수 있다.

전망, 시야

　나는 방에서 나와 계단을 올라갔다. 어디를 보나 비슷비슷한 구조였고, 오르는 데 그렇게 힘이 들지 않았다. 3층 다락방에 도착해보니 채광 좋은 넓은 창문이 있는 방이 나왔다. 풍경이 좋았다. 이 근처가 모두 보였다. 조금 이상한 것은 창문들이 모두 같은 방향으로만 나 있어서 자신의 정원과 그 앞 전망은 잘 볼 수 있었지만, 옆이나 뒤편은 볼 수가 없다는 것이었다.

　이 이야기에서, '나'가 그 큰 집의 3층까지 올라간다는 것은 집주인이 보는 세상 전망을 확인하기 위해서다. 글에서 계속 집의 거대함, 치밀함에 대해 이야기했으니 3층이 상당히 높은 것처럼 느껴질 수 있겠으나, 이는 사실 애매한 층수다. 물론 1, 2층보다야 높지만. 어떤 사람은 구름을 뚫고 솟은 수백 층짜리 건물처럼 느껴져서, 평범한 사람들이 그의 시선을 알고자 오르다가 자신의 한계만 깨닫고 내려오는 경우도 있다. 그의 명성이나 사람됨과 상관없이, 3층이라는 어정쩡한 층수는 사람들을 약간 위에서 관찰할 수는 있지만 아주 높은 위치는 아니라는 이중적인 의미를 지닌다.

　남보다 조금 더 위에서 본다는 사실에 초점을 맞추어보자. 사람들은 타인을 자신과 같은 위치로 보기도 하고, 우러러보기도 하며, 아래로 내려다보기도 한다. 같은 시선에서 본다는 것은 대등한 입장

4장 | 나라는 나라의 지도

에서 상대를 본다는 긍정적 의미도 갖고 있지만, 서로 갈등이 있을 때 객관성을 잃고 편협하게 상대를 볼 우려도 내포한다. 조금 떨어져 위에서 내려다보듯이 해야 해결점도 보이고 용서도 할 수 있을 텐데 말이다. 타인을 우러러보는 사람은 항상 남을 존중하는 태도를 갖고 있다고 좋게 해석할 수도 있겠으나, 실제로는 타인에게 압도되어 있는 사람, 항상 자신을 수동적 위치에 두는 사람을 의미하기도 한다.

남보다 더 높은 위치에서 본다는 것은 거만한 사람을 떠올리게 하기도 하지만, 부모가 자식을 보듯 신이 인간을 보듯 상황을 내려다봄으로써 더 객관적인 인식을 할 수 있음을 의미할 수도 있다. 타인을 잘 보살피거나 불합리한 죄도 용서할 수 있는 능력을 갖고 있다는 뜻이기도 하다.

이러한 양면성은 위대한 인물들, 특히 '어떻게 저렇게까지 타인을 용서하고 보살필 수 있는가' 하는 생각을 하게 만드는 대단한 사람들에게서 관찰되는데, 이들은 사실 마음 깊이 자존감이 충만해 자칫 자만의 영역으로 빠지고 마는 경우도 자주 보게 된다. 다른 예로, 사이코패스들이 종교에 대한 열정을 가진 것을 들 수도 있다. 이들은 인간에 대해서는 감정을 가지기 힘들어 오히려 신적 존재에게 시선이 가는 것으로 볼 수 있다.

앞선 이야기 속의 집주인은 비교적 높은 위치에서 세상을 보지만, 그 위치가 아주 높지는 않음을 알 수 있었다. 누구나 조금만 나아가면, 그의 시선까지 올라갈 수 있다. 그가 남보다 조금 더 많은 것을 볼 수 있는 눈을 가지고 있지만, 누구나 노력하면 그의 시선을 이해할 수 있는 수준이 될 수 있는 것이다. 다른 사람에 대해 편안하고 자애로운 태도를 보여줄 수도, 세속적인 갈등은 대충 넘기는 고매함을 갖게 될 수도 있는 것.

다만, 그의 '눈'에 해당하는 '바깥을 보는 창문'이 같은 방향으로만 나 있다는 것은 그가 뒤나 옆을 볼 수 없어 편견을 가지고 있을 가능성을 시사한다. 삶의 목적이 분명해 한 쪽만 바라본다고 해석할 수도 있다. 앞의 풍경들에서 느꼈던 것과 비슷한 이미지들이다.

이제 가장 높은 곳을 보았으니 가장 낮은 곳을 볼 차례다. 위층이 세상을 보는 관점에 해당하는 머리 같은 곳이라면, 아래층은 자기의 근본, 본능, 욕구 등과 관련된 곳이다.

숨겨진 지역

다시 1층으로 내려와 집의 뒤편을 향했다. 복도를 걸어갈수록 점점 어두워진다. 벽은 아까처럼 잘 짜인 블록이 아니다. 벽에서 부쩍 빈틈이나 부스러진 자국이 보이기 시작한다. 다시 살펴보니, 직원들은 어딘가 얼굴이 비슷하다. 하나같이 밝은 얼굴, 큰 눈, 약간 통통한 몸매. 어느새 그들은 웃음기를 거두고, 나를 흘깃 쳐다보면서 '이 사람은 누군데 여기에 와 있는 거지?' 하는 표정을 짓고 있다.

안에서는 아까 토담을 넘어 드나들던 사람들이 분주하게 오가고 있다. 앞서 본 것과 달리, 이들은 집안을 잘 돌아가게 하기 위해 많은 일을 하고 있는 것 같다. 진지하지만 지친 얼굴, 마르고 허약한 느낌이다. 실제로 이 집을 움직이는 것은 이들일 텐데, 왜 앞과 뒤가 다른지 궁금하다. 집주인은 어떻게 사람을 다루고 있는 거지?

이 이야기에는 집주인의 얼굴과 어딘가 닮은 수많은 종업원들이 등장한다. 그들은 집을 꾸미고 손님을 접대하고 있는데, 집주인의 상세한 지시에 열심히 따르는 수족手足과도 같은 존재다. 집주인의 분신에 가깝다고 볼 수 있다(영화 〈찰리와 초콜릿 공장Charlie And The Chocolate Factory〉에 나오는 움파룸파족을 떠올리면 된다).

그러나 그들의 과도하게 화사한 표정은 사람들의 영향이 사라지는 내부로 들어갈수록 사라진다. 주방까지 들어오는 존재에 위화감을 느끼지만, 그들에게는 나가라고 할 만한 힘이 없다. 결정을 내리는 존재는 집주인일 텐데, 그는 현재 보이지 않는다. 내면으로 들어가면 갈수록 집주인의 영향력이 줄어드는 것은 분명하다. 오히려 집안의 형국을 보건대, 과연 처음에 만난 그가 이 집의 진정한 주인이 맞긴 한지 의심스럽다.

집 뒤편에 사는 사람들

  휴게실로 보이는 공간은 좁은 데다가 부엌, 침대 같은 것들이 무질서하게 나열되어 있다. 침대 한구석에는 비쩍 마른 어린아이가 말없이 앉아 있다. 당근이나 오이를 씹으면서 "이건 참 맛있어"라고 중얼거린다. 화장이 진한 30대 정도의 여자는 "지금은 할 일이 없어"라고 하며 2층으로 서둘러 올라갔다. 이때 턱수염이 난 온화한 인상의 할아버지가 내게 말을 걸어온다.

  "자네는 여기 사람이 아닌 거 같네."

  "네, 그냥 저는 이 집을 구경하러 왔다가 길을 잃었어요. 제가 어디로 가야 하죠?"

  "자네가 보고 싶은 것이 있는 데가 가야 할 길이지. 위층에는 다녀왔나?"

  "네, 전망이 좋더군요."

  "그럼 당연히 지하실에 가봐야겠지. 가는 길 조심하게. 감시하는 친구가 있는데, 꽤 무섭다네."

  "아, 감사합니다."

  지하실로 내려가는 길을 찾는 건 그리 어렵지 않았다. 지하실 층계에는 심각한 얼굴의 중년 남자가 서 있는데, 다 죽을 것 같은 피곤한 표정에 매서운 눈매를 하고 있다. 옷차림은 다소 허름하지만 깔끔하다. 그는 아무 말 없이 종업원들을 지켜보고만 있다. 그런데도 사람들은 그의 눈치를 보며 열심히 일한다.

다중인격장애가 있는 사람의 내면에는 억압되어 있는 다양한 캐릭터가 공존한다. 예를 들어, 말을 거칠게 하는 50대 아저씨, 침울한 30대 여성, 눈치 보는 맹한 10대 남자아이, 말도 잘 못 하는 아기, 점잖은 할머니 등. 이러한 하부 인격 간의 관계도 현실 세계와 다르지 않다. 대개 설득력이 있다거나 다혈질에 주장 강한 캐릭터가 중심이 된다. 차분하게 모두를 중재할 수 있는 사람이 중심이 되어야 안정적이겠지만, 그 배후에는 자신의 욕구가 해결되지 않은 세력들이 있다. 너무 억압된 경우, 그들이 중심 세력으로 변하면서 갈등을 일으킨다.

이런 양상은 보통 사람들의 내면에서도 비슷하게 나타난다. 가장 그 존재를 분명히 느낄 수 있는 것은 대인관계를 담당하는 인격들이다. 대인관계 방식을 결정하고 내면을 다스리는 주인격, 남에게 보여주고 싶은 매력적인 인격, 자신의 감정을 쉽게 표현할 수 있는 인격 등.

친절하고 성실해 보이는 20대 남성을 예로 생각해보자. 그의 겉모습은 그간 보아온 부모의 좋은 모습, 좋은 상사나 스승 몇 명의 모습을 엮은 것일 수 있다. 그런데 그에게는 타인에게 매력적으로 보이고 싶은 욕망이 잠재되어 있고, 그 욕망은 어머니와 관련된 것이라고 가정해보자. 어릴 때부터 자기가 가장 집착한 사람, 즉 어머니를 기본으로 인격이 발달하기 시작하고, 부족한 부분은 좋아하는 여배우나 여자친구 등의 모습으로 채운다. 그 스스로 남에게 인정받지 못한다고 느낄 때 매력적이라 느끼는 인격이 갑자기 튀어나오는데, 그것이 남에게는 그저 유난스럽고 과장된 여성 같은 느낌으로 보일 수 있다. '참 좋은 녀석인데 가끔씩 허풍스러워' 혹은 '별것 아닌 일로 갑자기 삐치는데, 왜 저러는지 모르겠네' 같은 말을 듣는 것이다.

자신의 충동을 억제하는 쪽의 인격을 주로 사용하고 있으면, 반대로 충동을 함부로 발산하는 사람의 인격을 내면에 키우고 있을지도 모른다. 스스로 반대 존재를 인식한 후 이를 제대로 다듬고 키워내지 못한다면, 이들은 '화난 중학생' 같은 미숙한 형태를 띠게 된다. 화술이나 사고방식도 제한적이어서 이의를 제기하고 싶을 때 기껏해야 욕을 하거나 반항하는 것 정도로밖에 표현하지 못한다. 가끔 이 인격이 전면에 나타나는 경우, 점잖던 사람이 갑자기 상스러운 욕을 하거나 생고집을 부린다.

내면의 숨겨진 욕구를 깨달았다 하더라도 주변에 충동을 잘 관리하는 롤모델이 없으면 영화나 대중매체 등에서 본 정형화된 캐릭터를 빌리게 되는데, 이렇게 형성된 하부 인격은 과장되거나 융통성 없는 모습을 가지기 쉽다. 생각해보라. 얌전하던 사람이 곤란한 상황에 처했을 때 갑자기 영화배우 마동석 흉내를 낸다면….

대인관계를 담당하는 인격보다 더 중요한 존재들은 겉으로 잘 드러나지 않는 인격들이다. 항상 감시하며 질책하는 도덕적인 인격 혹은 힘들 때마다 자기를 위로하는 인격, 자기가 최고라고 치켜세워주는 인격 등으로, 이들의 대상은 바로 자기 자신이다. 이들은 내면에서 다른 인격들에게 영향을 발휘하는데, 그 덕분에 더 좋은 결과를 얻어내는 사람도 많지만, 그들의 위협 속에서 불안에 떠는 사람도 많다. 20대 가운데 좋은 대학이나 직장에 들어가고도 더 많은 성과를 내지 못했다고 자책과 자기혐오에 빠진 이들을 종종 만나는데, 이들에게서는 직·간접적으로 내면에 자리를 잡은 기준이 매사 가치판단을 하고 있음을 관찰할 수 있다. 프로이트는 아버지의 존재가 도덕적 기준을 형성시켜 '초자아Superego'라는 감시하는 자아가 형성된다고 보았는데, 이것이 비대해지면 올바른 삶에 집착하게 된다.

반대로, 부모나 친인척이 나서서 항상 "너는 믿을 수 있는 아이다"라고 자신감을 북돋아주고 위기 때마다 실망하지 않도록 잘 붙잡아주는 경우도 있다. 이런 격려와 보살핌 속에서 자란 이들은 내면에 평온하고 자애로운 어른(할아버지나 할머니 같은)의 목소리가 생겨나, 힘든 일이 있을 때마다 '아니다. 너는 누구 집안의 후손이잖니. 자랑스러운 할아버지의 손녀잖니' 같은 말을 건넨다. 그 말의 내용이 '넌 머리가 좋잖니, 잘 생겼잖니, 누구 아들인데' 같은 원초적인 수준일 때도 많지만, 자신이 걸어야 할 길이나 삶의 목표까지 파고들 정도로 정교하고 성숙한 수준일 때도 있다. 훗날 나이가 들고 나서야 나에게 이런 이야기를 들려준 누군가를 깨닫고, 그것이 신의 목소리이거나 막연하게나마 내면의 진실이라고 느끼기도 한다.

내면의 인격들은 서로 나이가 다른 경우도 많다. 기능에 따라 다양한 성숙도를 보이는데, 자신을 성찰하는 인격은 60대라 깊이가 있지만 활력이 없고, 대인관계를 담당하는 인격은 40대라 원숙하지만 새로 사람을 사귀기 어려워하고, 자신을 표현하는 인격은 10대라 애같이 순수하지만 너무 직접적이라 타인이 버거워하는, 그런 모습으로 나타날 수 있다.

앞의 이야기에는 전부 다섯 명의 인격이 등장한다. "이건 참 맛있어"라는 말을 중얼거리는 어린아이, "지금은 할 일이 없어"라고 말하는 여자, 턱수염이 난 온화한 인상의 할아버지, 심각한 표정의 중년 남자 그리고 집주인이다.

비쩍 마른 어린아이가 칼로리도 별로 없는 채소를 씹는다는 것은 그 아이에게 따뜻한 애정이 결여되어 있음을 의미한다. 그 아이가 집주인의 어릴 적 모습이라면, 아마도 그는 어린 시절 양육 문제가 있었을지도 모른다. 집주인이 뚱뚱한 체격에 과도한 지식을 집어삼키고 있는 인격인 반면, 이 아이는 비쩍 말랐지만 채소의 맛을 알고 있는 존재다. 잘만 성장했다면 소화시키지도 못할 지식을 폭식하는 것이 아니라, 진정한 맛을 중요시하는 인격으로 컸을지도 모른다. 그런 점에서, 언뜻 집주인은 지금까지 삶의 진정한 맛을 보지는 못했을 것이란 생각도 든다.

당근과 오이의 등장을 의아하게 생각하는 사람이 있을지도 모르겠다. 사실, 이는 나의 아버지가 즐겨 드시던 술안주들이다. 흔히 볼 수 있는 상징인데, 표현이 별로 없거나 무서웠던 아버지가 술을 마실 때만 나를 안아주거나 칭찬을 해주었다면, 술 잘 마시는 사람이 어쩐지 정겹게 느껴지거나, 오징어나 치킨 같은 술안주를 씹으면서 만족감을 느낄 수도 있다.

30대 여성은 이 사람의 내면에 투사된 여성적 측면을 의미한다. 소위 여성적 원리라 일컬어지는 생산성, 포용, 양육 등 여러 가지를 상징할 수 있다. 적어도 이 집에는 어머니를 포함해 이런 역할을 하는 여성이 보이지 않는데, 이는 이 사람(아마도 남성인)이 여성적 원리를 필요로 하는 역할에는 매우 서툴 것임을 암시한다. 꿈에 등장하는 남자나 여자 들은 미성숙한 경우 육체성을 강조하고 성숙할수록 정신적 요소를 드러낸다고 알려져 있는데(아니무스 Animus, 아니마 Anima), 앞서 등장한 여자도 성인으로서 주체적으로 보이지만 본능적·육체적 영역에 머물러 있는 것으로 보인다.

이 사람에게는 갈 길을 알려주고 힘을 북돋아주는 할아버지도 존재한다. 대개 노인은 무의식의 세계에서 지혜를 상징하며, 여기서도 적대감 없이 갈 길을 알려준다. 적어도 이 집에서는 할아버지가 유일하게 숨통을 틔워주는 역할을 하고 있다.

그러나 이 세계의 주인은 집주인도, 할아버지도 아니다. 심각한 표정을 한 중년 남자의 지배력이 뚜렷이 보이며, 여태껏 주인이라 느꼈던 사람도 실은 그의 압박에 의해 바쁘게 움직이고 있었던 것으로 추정된다. 앞에서도 얘기했듯이, 대개 가혹하게 원칙을 정하고 법을 어길 시 처벌하는 존재는 아버지로 상징되는데, 이 중년 남자도 아버지의 상징이 아닐까 의심된다.

사실 이 집에는 한 명의 인격이 더 있다. 바로 이 모든 사람을 관찰하고 집을 탐색하고 있는 '나', 바로 주인공이다. 이 집을 관찰하는 타인으로 보였겠지만, 이 세계를 여행하면서 내면을 탐색하고 문제점을 파악하고 있는 '나'도 당연히 내면에 존재하는 또 다른 인격이다. 이런 인격은 내가 성장하지 않았을 때는 낯설어서 마치 자신이 아닌 것처럼 느껴지지만, 실은 관찰과 깊은 사고를 통해 조심스레 성장을 인식하는 새로운 자아다. 이는 '관찰하는 자아'라고도, '참자아'라고도 칭할 수 있다.

무대 위의 주인공과 진정한 주인

침대가 놓인 방은 부엌 겸 기계실이다. 공장 같은 느낌이다. 다들 바쁜 표정으로 왔다 갔다 하고 있지만, 떠들썩하기만 할 뿐 특별한 음식이 나오거나 온기가 느껴지진 않는다. 뒤에는 아직 흙이 잔뜩 묻은 당근 포대가 놓여 있다.

집주인이 나타났다. 아까의 온화한 표정은 온데간데없고 초조

한 느낌으로 직원들에게 지시를 내린다. 그러나 아까와 달리 이곳의 직원들은 집주인의 말을 그다지 귀담아 듣는 것 같지 않다. 주인은 의도적으로 중년 남자의 눈을 피하고 있는데, 마치 야단 맞을까 봐 눈치를 보는 것 같다. 저 남자가 진짜 집주인일까? 할아버지가 중년 남자에게 다가가 비쩍 마른 아이를 돌볼 것을 제안하자, 그가 층계 길목에서 아이가 있는 방으로 향한다. 나는 그 사이에 지하실로 내려갔다.

자아의 깊은 부분은 개인적인 장소로 나타난다. 이는 '자기'라는 집 내부에서 침실, 부엌, 지하실, 화장실 등 남에게 선뜻 보여주기 힘든 곳으로 상징된다. 어릴 때 성장했던 집 혹은 학교 같은 건물을 무대로 하거나, 중요한 경험을 했던 장소, 즉 가족과 만남, 이별을 맞게 된 곳이라든가 강렬한 기쁨이나 고통을 맛보았던 곳을 배경으로 하기도 한다.

먼저 침실은 자신이 가장 안도하는 편안한 장소를 의미한다. 침실을 공주방같이 꾸며놓은 사람은 자신이 공주여야 안심이 되는 사람일 테고, 같이 잘 사람이 있는데도 혼자서만 자는 사람은 자기 자신 외에는 누구도 믿지 못하는 외로운 사람일지도 모른다. 이야기 속 집주인의 침실은 부엌, 기계실과 제대로 분리되어 있지 않다. 아마 그에게 편안한 장소는 없을지도 모른다. 바쁘게 사람들을 대접하고 지식을 쌓지만, 쉬는 데는 재주가 없는 것이다.

지하실은 본인이 드러내고 싶지 않은 것들이나, 이젠 별로 중요하지 않은 것이라 여기는 것들이 쌓여 있는 곳이다. 보일러실은 용광로처럼 그 사람의 열정의 원천처럼 느껴진다. 화장실은? 자신이 별로 인정하고 싶지 않은 욕망 등이 드러나는 배설의 장소일 것이다. 항문기의 집착에 대한 은유, 동성애적 욕망의 발현지일지도 모른다.

식당과 부엌은 아주 가까이에 있지만, 용도는 각각 다르다. 유아시절, 식탁은 부모가 주는 음식을 수동적으로 받아먹는 장소이지만, 부엌은 불, 칼 등이 존재하고 있어 어느 정도 나이가 든 후에야 접근할 수 있는 장소다. 식당이나 식탁은 음식을 제공받는 곳이자, 어머니의 애정, 가족끼리의 화합 등 정서적인 에너지를 받는 곳이기도 하다. 반면, 부엌은 요리가 완성되기 전 원재료를 다루는 곳으로, 그 사람의 날것 그대로의 경험들을 정서적 에너지로 변환시키는 장소로 볼 수 있다. 집주인은 여러 종업원들에게 명령을 내리지만, 외부에서 들어온 여러 가지 재료들을 맛있는 무언가(정서적인 안정감)로 변화시키는 데는 실패한다.

여기서 사람들이 움직이는 가장 큰 원인은 중년 남자(아버지일 가능성이 크다)인데, 다소 무섭게 느껴지는 것에 비해서는 적대적이지 않다. 할아버지의 조언에 아이를 보러 가기도 하고, 당근 같은 것에서는 애정의 흔적도 보인다. 아버지는 고전적인 이론에서 아이와 엄마 사이를 견제하는 역할을 하며, 아이에게 법적 질서를 제시함으로써 아이 내면에 초자아를 형성, 평생의 양심과 규율을 내면화한다고 한다.

이 이야기 속에서, 집주인은 아버지의 눈치를 보며 그 집을 운영하고 있다. 또 집을 움직이는 에너지의 원천은 음식도 기름도 여자도 돈도 아닌, 바로 아버지의 압박과 감시임을 알 수 있다. 아마도 이 사람은 어머니가 안 계시고, 아버지가 유일한 양육자이지 않았을까? 그 아버지는 아들에게 엄격하거나 요구가 강했을 수 있다. 노인은 친할아버지일 수도, 위안을 주는 옆집 할아버지일 수도, TV 등에서 본 이상화된 존재일 수도 있다.

집주인은 겉으론 많은 노력을 들여 지식과 사회적 지위를 과시하고 있지만, 내면에는 따뜻함 없이 빈곤과 불안이 존재한다. 그 격차에서 오는 피로가 언젠가 그를 멈추게 만들 수 있다. 외부에서 아무리 큰 업적을 남겼더라도, 내면 탐색이 부족한 사람은 이러한 불균형에서 오는 막연한 우울감에 시달리곤 한다.

가장 깊숙한 곳, 지하실

어둑어둑한 지하실에는 어스름한 등이 켜져 있다. 대부분 나무로 흙을 막아놓은 정도로, 오래된 가구들이 여기저기 쌓여 있다. 식탁에는 누군가가 방금까지 무언가를 먹고 나간 듯 음식 부스러기가 떨어져 있다. 나는 왜인지 집주인이 어릴 때 외로웠을 것 같은 느낌이 든다. 흙벽 아래쪽에는 문이 하나 있다. 자물쇠가 채워져 있지는 않지만, 그와 상관없이 저 문을 열면 안 된다는 생각이 든다. 아마 내가 감당할 수 없는 상황을 마주하게 될 것 같다.

반대쪽에는 보일러가 있는데, 아주 강하진 않지만 은근하게 타오르고 있다. 그 앞에 있으면 다소 적막한 지하실이 따뜻하게 느껴진다. 조용히 불길을 바라본다. 무언가가 녹고 있다. 나는 어렴풋이 문 뒤에 무엇이 있는지 깨닫는다. 조용히 지하실에서 위로 올라왔다.

대개 지하에는 그 사람의 근본이 되는 것들, 좀 더 과거를 의미하거나 좀 더 원초적인 것들이 놓여 있다. 나무로 흙을 막아 놓았다는 것은 이 장소가 인공적인 손길이 별로 닿지 않은 곳임을 의미한다. 아마도 오래된 가구나 식탁은 집주인의 어린 시절 기억이었을 가능성이 크다. 음식 부스러기가 치워지지 않은 빈 식탁에서는 무엇이 느껴지는가? 앞에서도 이야기했듯이, 어린 시절의 밥상, 식탁은 대개 어머니의 애정과 관련되어 있다. 그것이 제대로 제공되지 않거나 치워지지 않았다는 것은 어머니의 부재를 암시한다.

지하는 그 사람 무의식의 더 깊은 측면을 의미하기도 하지만, 태곳적부터 땅은 모성, 생산의 의미로 이해되어왔다. '남자는 하늘, 여자는 땅'이라는 말은 우리가 흔히 떠올리는 성차별적 의미를 제거하

4장 | 나라는 나라의 지도

고 나면, 종교적으로는 충분히 근거가 있는 말이다. 즉, 대지는 여성의 생산성과 함께 생물이 죽어 묻히고 다시 태어나는 순환을 상징한다. 이와 상대적으로 땅에 씨를 뿌리는 비, 하늘, 번개 등은 남자의 역할로 보았다. 그래서 번개를 관장하는 신들의 왕 제우스Zeus는 그렇게나 많은 자식들을 둔 것일 테고.

우리는 어린 시절의 모성 위치에 들어간다는 사실 자체를 어머니의 태내로 다시 들어가는 것으로까지 확장해서 해석할 수 있다. 그 안에 있는 문을 연다는 것은 내가 태어나기 이전의 세계, 즉 아직 어머니에게 속한 세계로 들어간다는 의미다. 탄생 이전, 그러니까 죽음의 세상이다.

이러한 생生과 사死가 서로 섞여 있는 세상은 혼돈Chaos의 형태, 즉 진흙같이 모든 것이 혼합된 물질의 형태로 그려진다. 붉은 빛의 용광로는 심장과 피를 상징하며, 내가 어머니에게 흡수되어 자아가 없는 삶 이전의 단계로 나아감을 말한다. 편안한 세상일 수도 있지만, 공포의 순간일 수도 있다.

아이가 엄마와 일체된 상태를 방해하는 것은 아버지다. 프로이트는 남자아이가 어머니를 차지하려고 하지만 어머니는 이미 아버지의 짝이므로 아버지에게 살의를 갖게 되는데, 그에 대한 죄책감으로 거세 불안이 생긴다고 했다. 거세 불안은 그 당시 시절의 반영이라는 것이 정설이지만, 적어도 아버지라는 존재가 아이에게 있어 관심을 엄마로부터 분리해 세상으로 향하게 하는 역할인 것만큼은 분명하다. 이런 원리는 신화나 역사에서 반복적으로 나타나며, 심지어 사주에서도 어머니는 자신을 '생生'하는 존재, 아버지는 자신을 '극剋' 하는 존재로 설명한다.

이 장면에서도 아버지로 보이는 중년 남자는 수문장처럼 지하실로 가는 길을 막고 있다. 부성이 무질서와 혼돈에 법을 부여하는 존재라면, 지하에는 부재된 모성의 흔적이 남아 있다. 그래서 지하는 원초적이고 혼란한 지역이다. 이 아버지는 아들이 그곳으로 가서 해체되는 것을 방해하며, 자신이 원하는 방식대로 행동할 것을 요구한다(사족. 이 시점에서 다소 신기한 것이, 나는 이 이야기를 거의 즉흥적으로 썼다는 점이다. 그냥 머리에서 나오는 대로 설정을 하고 주석을 달고 있을 뿐인데, 별로 고치는 것도 없이 자연스레 설명이 되고 있는 게 신기하긴 하다. 역시 맨스플레인 기질의 소유자인지도).

성스러운 숲을 지나는 여정

나는 그 집을 나와 정처 없이 산과 들을 걸었다. 더 높은 곳에 올라오니, 방금 그 성 같던 집이 작게 보인다. 여태까지 보아온 집 외에 다른 집들도 눈에 들어온다. 저 멀리 더 큰 성도 흐릿하게 보이고, 높은 탑의 실루엣도 비친다. 이 세계는 생각보다 넓어 많은 사람들이 여기저기에서 자기 터전을 잡아 살고 있다.

어느새 나는 숲을 지나고 있다. 길을 잃어버린 건 아닐까 하는 의심이 든 적이 한두 번이 아니다. 짐승의 소리나 들판의 유령들에게 놀랄 때마다 노래를 부르면, 두려움을 잊을 수 있다. 배가 고프면 향기로운 과일 나무를 만났고, 외로울 때면 아름다운 거대한 나무를 보았다. 신령스러운 나무 아래에서 잠들면, 아무도 나를 해치려 들지 않는다. 내가 왜 이곳을 지나가고 있는지 그 이유는 잘 모르겠지만, 분명 마음속으로 생각하고 있던 것은 처음에 멀리서 보았던 묘한 빛깔의 집이다. 나는 그곳으로 가고 있다고 느낀다.

숲을 지나니 바위가 많은 땅이 나타났다. 메마른 곳이다. 절벽으로 가보니 숲이 아래에 보인다. 꽤 오랜 시간 동안 숲을 헤치고 걸었다고 생각했는데, 이제 보니 그저 저기서 여기로 왔을 뿐이다. 하지만 조금 더 높은 곳에서 지켜보는 풍경은 모든 것을 하나로 느끼게 해준다. 그저 하나의 마을, 사람. 나는 올바른 길을 걷고 있다는 확신을 얻게 되었다. 햇살이 밝게 비치고 구름이 천천히 흘러가고 있다. 새들이 하늘을 날아가는 것이 보이고, 갓 태어난 새끼 새들이 어미 새를 따라 걸어가는 것도 보인다.

융은 자기실현을 향해 가는 길이 나선형이어서 마치 산의 둘레 길을 올라 정상에 오르는 것과 비슷하다고 했다. 한참 돌다 보면 결국 원래 위치로 돌아온 것처럼 느껴지는데, 사실은 나선형의 길을

212

걸어왔으니 조금 더 높은 위치에 가 있는 것이다.

인생을 살면서 목표를 향해 나아가다 보면 마치 내가 쓸데없는 경험만 하고 무의미한 시간 낭비를 한 듯 생각되지만, 후에 생각해 보면 모두 필요한 경험들이었음을 느낄 때가 많다. 한참 만에 도착한 곳이 예전 자리 근처인 듯싶지만, 무의미해 보이는 경험들이 나에게 새로운 시각을 부여해 더 많은 것을 볼 수 있게 되었음을 깨닫게 되는 것이다.

정신의 산은 헤아리기 힘들 정도로 넓어서 이곳 둘레길을 걷다 보면 내가 돌고 있다는 감조차 들지 않는다. 이야기 속의 주인공도 자기가 영문도 모른 채 산과 들을 헤매고 있다고 느낀다. 그러나 점차 시야가 넓어지는 것을 경험하면서, 자신이 그래도 산을 오르고 있다는 것을 알게 된다.

높이 올라 멀리 본다는 점에 있어서는 앞의 성 같은 저택의 3층을 올라갔을 때와 다를 것이 없지만, 전자가 자연이라는 거대한 토대를 따라가며 전체를 보는 것이라면, 후자는 스스로 만든 곳에 올라서서 보고자 하는 것만 본다는 차이가 있다. 주인공은 여태 탐색했던 복잡한 저택이 이제 와보니 많은 집들 중 하나일 뿐이라는 것을 알게 되었고, 나아가 각양각색의 집들이 마을을 이루고 있으며 그 안에서 다양한 사람들이 살아가고 있음을 깨닫는다.

모든 신화에서 영웅은 깨달음을 얻기 이전, 광야를 헤매거나 육체의 한계와 싸우고 악마의 시험을 이겨내며, 이후 죽음의 시련이나 위기를 극복해 영원한 존재가 된다. 주인공은 큰 저택(실은 자기 마음)을 관찰하고 분석해 그 실체를 알게 되고, 눈을 다음 곳으로 돌린다. 더 많은 것을 한눈에 보기 위해 광야를 헤매고 산에 오른다. 그러다가 만나는 것은 두렵고도 평안한 숲이다.

숲은 이중적인 이미지를 가지고 있다. 내가 알지 못하는 것들로 가득한 두려움의 대상이기도 한 반면, 먹을 것을 주고 위험으로부터 지켜주는 신령함도 가지고 있다. 이러한 원초적인 이중성은 앞서 저택 지하실에서 상징했던 태어나기 이전 혼돈의 재경험에 가깝다. 주인공은 어머니 자연의 보호 안에서 위험을 겪고 평안을 찾는다. 노래를 부르고, 향기로운 과일을 따먹고, 신령한 나무 아래에서 편안히 잠드는 것은, 어떻게 보면 엄마 품에서 젖을 먹으며 잠든 아기처럼 퇴행하는 것처럼 보이며, 주인공은 이를 통해 심리적 안정을 얻게 된다.

이제 주인공은 숲을 빠져나온다. 정신적으로 안정되고 시야도 넓어진 그는 혼란한 숲이 아닌 명확한 세상을 보게 된다. 눈이 땅과 사람에 머무르지 않고, 모든 것을 자명하게 비추는 해와 그 안에서 순환하는 생명들을 지켜볼 수 있다. 해와 구름은 평화로우며 새는 방향이 뚜렷하고 새끼들은 새로이 태어난다. 이렇게 하여 얻게 된 '내가 이 모든 것과 하나라는 충만감'은 자신의 길이 틀리지 않았음을 확신하게 해준다.

나선형의 하얀 집

내가 어떻게 거기까지 걸어갔는지는 잘 기억나지 않는다. 파란 하늘이 보이는 언덕에 하얀 집이 서 있다. 하얗다고 했지만, 빛에 따라 색이 조금씩 바뀌어서 신비해 보인다. 일종의 야트막한 탑인데, 마치 둥글둥글한 소라껍데기처럼 생겨서 귀엽다는 생각이 든다.

의도적으로 담을 세운 것은 아니지만, 바위 사이에 위치해 똑바로 오르려 하면 오히려 더 가기가 힘들다. 길을 죽 따라가니, 자연스레 문 앞에 도착했다. 열려 있다. 들어가 보니, 탑처럼 보였지만 안이 텅 비어 있다.

"안녕하세요?"

소리가 아름답게 울린다. 소리 울림 효과와 채광 효과를 더 중요하게 생각하고 공간을 꾸민 듯하다. 주인이 나타났다. 자기 집을 찾아와준 걸 퍽 기뻐한다. 외로워서라기보다는 이 길을 따라 걸어온 사람에 대해 경의를 표하는 것 같다.

"여기에서는 무엇을 먹고사나요?"

"일주일에 한 번씩 장을 봐와요."

"집에 물건이 없는데 바깥소식은 어떻게 들어요?"

"휴대전화로요. 와이파이 돼요."

서로 킥킥대면서 웃다가 그 사람을 바라보니, 어딘가 얼굴이 익숙하다는 생각이 든다.

주인공은 아름다운 곳에서 집을 발견하게 되는데, 이 집은 여태껏 보아왔던 다른 집들과는 형태가 다르다. 담도 문도 없지만, 억지로 오르려는 의도 자체가 담이 되는 구조로, 있는 그대로 자연스럽게 향하면 그 집에 닿을 수 있도록 되어 있다. 이는 자신의 편의를 위해 작위적으로 꾸미는 것이 아니라, 존재하는 그대로 받아들인다는 선불교禪佛敎의 이야기와도 통한다.

여행을 다녀보면, 사원이나 종교적 건축물은 대체로 텅 비어 있다. 이스탄불의 성 아야소피아Ayasofya나 미얀마의 바간Bagan 사원 등을 보다 보면, 이곳이 사람의 육체가 편하게 거주하기 위한 공간이 아니며 우리가 평소 의식하지 않던 텅 빈 공간, 소리의 울림, 어둠과 빛의 산란 등을 느끼게 하여 영적인 경험을 하도록 도와주는 공간임을 느끼게 된다.

산속 작은 수도원이나 암자는 내적 성찰을 하기 위한 최소한의 거주지로, 건물 자체는 볼품없을 수 있으나 신비롭고 성스러운 느낌으로 인식된다. 이야기 속 주인공이 도착한 집 역시 매우 단출한 형태로, 이곳이 내적 경험을 위한 공간이라는 것을 의미한다. 이곳까지 온 손님은 그저 호기심에 들러본 사람일 수가 없으며, 정신적 여정을 거쳐 도달한 것이므로 이 집의 주인은 손님이 자기와 같은 길을 걸었다는 동질감을 느낄 수 있다.

소라껍데기 모양의 집은 내가 꿈에서 본 집을 묘사한 것이다. 나는 꿈에서 남국의 바다 옆 백사장에 서 있었는데, 바닷물이 고작해야 발목까지밖에 차지 않았다. 파란 하늘에 풍성한 뭉게구름이 떠다니고 있었고, 바다 한가운데에는 새하얀 소라껍데기 모양의 집이 있었다. 2층 정도의 높이에 나선형으로 계단이 나 있었는데, 나는 반 정도 올라가다가 말았다. 꿈을 깨고 나서, 나는 이 장면이 내가 여태껏 꾸었던 꿈 중에 가장 아름다운 꿈이라는 것을 알 수 있었다. 영혼의 가장 순수한 장면을 잠시 목격한 것만 같았다. 나는 이 장면에서 다소 부족한 점도 느낄 수 있었는데, 내가 볼 수 있는 전망이 고작 2층 정도였다는 것 그리고 바다가 깊이라곤 전혀 느껴지지 않을 만큼 얕았다는 것 등이었다.

꿈을 깨고 나서 나는 그 아름다움에 흐뭇해함과 동시에 내가 많이 알거나 깊게 알고 있다는 생각을 버려야겠다고 느꼈다. 나는 이제야 바다에 막 도착한 사람이며, 고작해야 계단을 반 정도 올라선 사람이구나 싶었다. 하지만 그것도 싫지 않았다. 모든 것이 평화롭고 순수하고 풍성한 그 세계에서는 그런 것이 필요없다고 느꼈다. 그렇기에 층계를 오르려다가 그냥 내려온 것이 아닐까.

어느 분야든 많이 알수록, 배운 대로 "A는 A다"라고 쉽게 이야기할 수 없어진다. 이런 영역은 세간의 관점과는 다른 경우가 많다.

"식탐 없으시죠?"

"아뇨? 고기 좋아하는데요."

"이건 나쁜 거죠?"
"뭐 때에 따라서는요."

"거짓말을 하면 안 되잖아요?"
"다들 서로 속이는 세상이라 좀 해도 돼요."

농담처럼 들리는 이러한 대화들은, 마음 상태 그대로를 보이거나 세속적 가치의 무용함을 드러내곤 한다.

한편, 주인공은 마지막에 무언가를 깨닫는다. 바로, 여기까지 오는 내내 느껴왔던 사실, 즉 자신이 만난 사람들, 집, 자연, 태양, 새, 늑대, 이 끝에서 만난 사람까지 모두 나와 같은 존재라는 것이다. 알고 보니, 여태껏 관찰자였던 나조차 이 심리적 세상에 속하는 자아 중 하나라는 사실을 말이다.

사람 내부에 존재하는 수많은 자아들은 계속해서 탄생하고 성장하거나 혹은 정체된다. 사람뿐만 아니라, 나무나 풀 같은 수동적인 요소들도 성장하면 신성한 아름드리나무로 나타나고, 쥐나 벌레 등 동물들도 성장하여 스스로 좋은 길로 인도하는 성수聖獸들로 등장한다. 꿈에서 나타나는 집이나 건물이 자기 내면을 상징하듯, 거대한 산맥, 태양, 우주 등이 내면의 공간을 차지하기도 한다. 이러한 은유와 상징으로 나타나는 자아들은 다양한 관점과 사고를 반복해 가며 발달하고, 여러 가지 인격들이 융합되어 상위의 존재를 이루어 나간다.

종착지라는 것은 없겠으나 인간의 삶은 유한하므로, 그 마지막 형태는 있을 것이다. 아마도 이것은 사람마다 다른 형태를 띠고 있을 것이다. 편견에 싸여 있지만 굳은 의지로 살았던 사람은 메마른 광야에 튼튼한 탑이 서 있는 광경으로, 특별히 유식하거나 재주는 없었어도 온화함과 자기희생으로 일관했던 사람은 초목과 꽃, 과실이 가득 피어난 숲 같은 모습으로, 평생 큰돈을 벌었고 말년에도 자선 사업에 몰두했지만 인간적인 감성보다는 이성적인 판단에 의해 움직였던 사람은 멋진 빌딩이 가득한 도시의 풍경으로 보일지도 모른다. 가능하다면 원시적인 생명력, 차가운 이성을 넘어선 따뜻한 감성, 이성적인 굳건한 토대, 억지스럽지 않은 아름다움, 쉽게 변하지 않는 평화로움이 조화롭게 펼쳐진 풍경이면 가장 좋지 않을까 생각해본다(사족. 지금까지 풀어낸 이야기가 혹시 저자 자신의 이야기는 아닐까 생각했다면, 아주 틀리진 않을 것이다. 내가 보지 못했던 것을 적을 수는 없을 테니까. 하지만 더 과장시키거나 어디선가 주워들은 말들을 가지고 이야기를 더 복잡하게 만든 건 사실이다. 내가 도달하지 못한 부분도 적어야 했고, 혹시나 읽는 사람들이 나를 오해할까 봐, 솔직히 말하면 너무 나의 내면 그대로를 보게 될까 봐 조심할 수밖에 없었다. 드러내되, 적당히 감출 부분은 감추었다고 이해해주면 좋겠다).

우리에게는 모두 '개인의 신화'가 필요하다. 저마다 자신을 정확히 표현해낸 신화를 발견하거나 창조해낼 때, 그의 삶은 비로소 형태를 갖추게 되며 또한 앞으로 나아갈 길을 발견하게 될 것이다.

3부

마음의 영토를
한 뼘 더
넓히려면

나의 부모와
부모의 부모

　'사람의 인격이 어떻게 성장하는가'를 다룬 이론들은 상당히 많다. 정신분석이론에 의한 프로이트의 발달이론, 멜라니 클라인Melanie Klein의 대상관계이론, 존 보울비John Bowlby와 메리 에인스워스Mary Ainsworth의 애착이론 등은 실생활에서 상식적인 개념들이 되었고, 최근의 유전자나 뇌의학 결과물들은 타고난 성질이 양육보다 더 큰 부분을 차지하고 있음을 보여준다.

　하지만 그 많은 이론들이 말하는 것이 대단한 것은 아니다. 다음 몇 줄로 간단히 정리할 수도 있다. 사람은 선조들의 유전자를 타고나는데, 성격, 인성, 대인관계방식 등 교육의 결과라고 생각했던 것의 절반은 이미 결정된 것으로 본다. 그러나 여전히 안정된 애착, 올바른 교육은 우리가 노력할 수 있는 모든 것이다. 인생 초기에 안정된 부모 밑에서 자란 아이는 안정감을 획득한다. 가족은 아이-어머니라는 구도에 아버지(혹은 다른 형제)의 존재가 긴장감

을 부여하는 형태인데, 이 갈등을 제대로 해결하지 못하면 계속 어머니 품에서 벗어나지 못한 존재로 살거나, 분리로 인한 불안감과 우울감을 가지고 살 수 있다.

이후 10대에 뇌신경이 급격히 성장하면서, 타인들의 행동양식, 롤모델, 지식 등을 흡수하며 자신의 정체성을 확립한다. 20~40대까지는 사회적·물질적 요소 및 대인관계가 중요한 가치관이지만, 이후부터는 자기 내면을 다루는 능력이 점차 중요해진다. 10대의 환경이나 상황은 50대가 되면 전혀 상관관계가 없어진다(조지 베일런트). 그 사람이 살아온 방식이 중년 이후를 설명한다. 노년기에는 사회적 기능이 줄어드는 대신 삶을 큰 시야에서 보게 되며, 후세에 남겨야 할 것, 자신의 의무, 영적인 태도 등에 관심을 가지게 된다.

나의 세대를
돌이켜볼 것

　몇 년 전 돌아가신 할아버지는 자식과 데면데면하게 지내는 외로운 노인이었다. 할머니는 이미 10년 전쯤 돌아가셨다. 가족들은 할아버지가 살아온 내력을 알기에 어느 정도 존중은 하지만, 그 고집스러운 성격을 견딜 수 없어 할머니가 돌아가신 다음부터는 도저히 할아버지와 가까이하지 못했다.

　특히 차남과 둘째 며느리는 "아버지를 증오한다"고 할 정도였다. 그러나 그 차남 집안도 문제가 있어서, 어릴 때 미국에 조기 유학을 보냈던 아들이 적응하지 못하고 귀국한 뒤 수년째 집에서 두문불출하고 있다. 한번은 할아버지가 생전에 "내 말을 안 들어서 귀한 손자를 망쳤다"라고 차남을 비난했는데, 이후 그들은 거의 왕래를 하지 않았다.

세상에는 참 이런 집, 저런 집이 많다. 그중에서도 앞의 사례와 같은 집안은 예상 외로 흔하다. 3대에 걸쳐 갈등이 갈등을 낳고, 고집이 고집을 낳는 경우 말이다.

지금의 70~80대들은 어린 시절을 제2차 세계대전과 6·25로 보낸 전쟁 세대들이라 그에 대한 강렬한 경험들과 피해의식을 가지고 있을 수밖에 없다. 그들을 정당화시키는 건 전쟁과 전후의 경험이듯, 각 세대들은 자신들만의 특정한 경험과 그로 인한 고통에서 행위의 정당성을 찾곤 한다. 지금의 50대들은 민주화 과정과 IMF를 극복했다는 것이 자랑거리이지만, 이후 자신들의 불안감으로 인해 아이들을 경쟁으로 내몰았으며, 윗세대와 분리되고 싶어 했지만 윗세대와 닮은 마지막 세대라는 평가에서 벗어날 수 없다. 지금의 40대들은 이제야 자기들이 역사상 가장 풍족했던 시절에 20대를 보냈다는 것을 깨달았지만, 그 끝에 IMF를 맞은 후 금융 위기를 겪었던 것에 피해의식을 가지고 있다. 최근 들어서는 젊은 층의 불만이 슬슬 386 세대에서 40대 X세대로 이동하는 양상이 펼쳐지고 있다.

그렇다면 지금의 20~30대가 후에 어떻게 될지도 예상할 수 있다. 이 세대들에게 가장 괴로웠던 경험이나 이 세대들이 어쩔 수 없어서 한 일들, 정말 옳은 행동이었다고 생각하는 일들이 이후 세대들에게는 반대로 보일 수 있다. 지금의 젊은 세대들을 나타내는 단어로는 '취직' '갑·을 관계' '성평등' '출산' 등 여러 가지가 있을 텐데, 나는 이런 지금의 발걸음들이 분명 다음 세대에게 좋은 영향을 미치게 될 것이라 생각한다.

그러나 모름지기 윗세대의 노력으로 만들어진 세상에 대해 호의적인 다음 세대란 없다. 자신이 옳은 길을 걸어간 것이 분명하다 하더라도, 그것이 아집과 확신에 찬 것이었다면 비난의 대상이 되기 쉽다. 앞의 이야기에 등장한, 3대에 걸친 고집쟁이들 같은 모습이라고 생각하면 크게 벗어나지 않을 것이다.

"어린애들이 어떻게 보든 무슨 상관이냐. 걔네들이 뭘 안다고."

너무 쉽게 이런 식으로 말해봤거나 생각해봤다면, 당신도 훌륭하게 '꼰대 정신'을 물려받았다고 여겨도 좋다(꼭 나쁘다는 것만은 아니다).

방어기제 중 '적대적 동일시Hostile Identification' '적대자와의 동일시Identification with Aggressor'라는 것이 있다. 의미는 조금씩 다르지만, 기본적으로는 내가 적대시했거나 나를 공격하는 사람들과 나 사이에 동일시가 일어난다는 뜻이다.

"강하고 잔인한 적과 싸우려면 나도 그렇게 되어야 하며, 상대가 괴물이라면 나도 괴물이 되어야 한다."

이와 같은 마음가짐은 승리를 하는 데 중요하긴 하지만, 결국 그렇게 해서 승리한 후 남는 것은 또 다른 괴물일 뿐이다.

　독재에 맞서 싸우던 사람이 정치인이 된 후 독재자 같은 행동을 반복하는 한편, 자신의 정당성을 의심하지 않는 것도 이런 사례라 할 수 있다. 평등을 주장하던 사람이 자기 의견과 맞지 않으면 심각한 차별적 발언을 한다든가, 사회 정의에 집착하던 사람이 개인 생활에서는 가족을 괴롭히는 가해자인 것도 비슷한 경우다. 이들은 자신의 주장이 이기적인 권력욕과 피해의식에서 출발할 수 있을 거라는 가능성을 보지 못한다. 권력 행사에 관심 많은 사람은 무슨 이유로든 권력에 관심이 많은 사람이라고 봐야 한다.

　각 세대들은 마치 하나의 인간처럼 자신의 부모 세대, 자녀 세대와 영향을 주고받는다. 저항하고, 자랑스러워하고, 합리화하고, 연민에 빠지기도 한다. 나이를 먹어가는 모든 세대들은 자신이 구식임을 받아들이는 것이 좋다. 조선 말 양반들은 개화기 전후로 자신들이 해체되어가는 것을 받아들여야 했고, 70년 전 일본어를 하는 게 자랑이던 세상이 단 5년 만에 영어를 하는 것이 자랑인 세상으로 변해버리는 것을 당대 사람들이 받아들여야 했듯, 지금 우리도 우리의 가치가 언젠가는 무너져 무의미한 허세로 보일 거라는 사실을 알아야 한다.

한 세대의
좋은 부모, 나쁜 부모

어느 세대든 그 세대의 부모가 가진 성격은 당대의 영향을 받은 것이다. 포악한 알코올 중독자 아버지나 불안감 때문에 자식에게 집착하는 어머니. 이들의 문제를 어떻게 개인의 것으로만 치부할 수 있을 것인가. 이들은 어쩔 수 없이 휘말린 전쟁, 그 전후의 사회 분위기, 그 외 결정적인 큰 사건들에 영향을 받고 그렇게 살아온 것이다. 자식들은 부모가 원래는 선한 사람이라고 믿고 싶어 하는데, 그 과정에서 부모의 악한 속성을 대리할 대상을 찾게 된다. 이때 그 시대를 지배하는 권력자들이 그 대상이 되곤 한다.

역사적인 인물, 나라를 대표하는 대통령, 대통령의 배우자 같은 경우, 개인의 공과를 떠나 '좋은/나쁜 아버지' '좋은/나쁜 어머니'였다는 식의 감정적인 반응을 유발하곤 한다(나쁜 쪽으로 여겨지는 쪽이 더 많아 보인다). 직접적으로 피해를 입은 경우 외에도, 그들의 잘못된 행동에 공분을 일으키는 것은 당연한 감정이라 하겠으나 어떤 사람들은 아무래도 과하다는 생각이 들 때가 있다.

무슨 주제로 대화를 하든 항상 대통령에 대한 찬사나 빈정거림, 욕설 등으로 이야기를 끝내는 사람들이 있다. 다분히 이런 패턴에 집착한다는 느낌이 든다면, 이는 그 사람의 정신을 유지하는 데 대통령이 필수 불가결한 존재이기 때문이다. 그들에게는 '국부國父' '국모國母'로서 대통령/영부인이 아버지/어머니에 대한 전이 감정을 유발하는데, 그에 집착한다는 것은 부모와의 해결되지 못한 갈등을 재연하는 것이거나 그러한 생각이 갈등을 해소해주기 때문이라고 볼 수 있다. 그 사람이 분노하는 대통령이 누구이며 그에게 왜 분노하느냐에 따라, 반대로 그 사람이 찬양하는 대통령이 누구이고 그를 왜 찬양하느냐에 따라, 그가 고민하는 부모와의 문제를 추리해볼 수 있다.

예를 들어, 아버지가 매우 가부장적이어서 어릴 적 힘들게 지냈던 아들이 있다. 그런데 당시 대통령이 강한 지도력과 통제성을 보인 사람이었다면, 그는 아버지와 유사한 성격의 대통령에게 좋은 감정을 가지기 힘들 것이다. 아버지가 투사되면 될수록 내재된 분노는 대통령을 향하게 될 것이며, 그를 사악한 사람으로 만들면 만들수록 자신의 아버지는 역으로 선한 사람으로 느껴지게 된다. 악한 아버지의 이름을 반복하는 사람은, 사실은 그래야만 자신의 아버지의 이름을 정화시킬 수 있다. 악마나 마녀는 그 사람이 가지고 있는 나쁜 속성의 번제물 개념인 것처럼 말이다.

유명한 권력자들의 이름은 좋든 싫든 사람들의 정신을 유지하는 하나의 상징이 되어, 먼 훗날에는 신神과 같은 존재로 여겨질 수도 있다. 물론, 그것은 지금 세대가 그들을 계속해서 무언가로 상상해 간다는 가정 하에서이며, 어쩌면 200년쯤 지난 뒤에 그들은 성군으로 살아남을 수도, 드라큘라 백작 같은 공포의 대상이나 극복해야 하는 악신惡神으로 남을 수도 있다.

나의 부모를
극복하라

아무 일도 없는데, 죽고 싶을 정도로 우울하다는 이들이 있다.

"이게 유전이죠? 타고나서 그런 거죠?"
"글쎄요. 혹시 가족관계가 어떻게 되세요?
"부모님은 저 일곱 살에 이혼하셨어요. 10대 때는 아빠와 갈등이
많았고…. 그런데 요즘은 다 극복했어요. 다들 그런 거 아닌가요?"

대수롭지 않게 말하는 이런 이들이 정말 많다. 누가 봐도 자신이
말한 그 가족관계가 우울증의 원인일 텐데 말이다. 심지어 어떤 내
담자는 수년 넘게 가족 문제가 없다고 하다가, 어느 날 실수로(?) 과
거사를 털어놓은 적도 있다. 뒤통수를 제대로 얻어맞은 의사의 감정

따위는 중요한 게 아니라 치고, 어쨌든 문제는 왜 그렇게까지 "부모님이 내 슬픔의 원인"이라는 말을 억압해왔느냐는 것이다.

인생 초기, 아이는 아직 정체성이 분리되지 않아 상당한 기능이나 사고를 부모와 공유한다. '독립하느냐 부모에게 종속되느냐'로 갈등하지만, 기본적으로는 부모의 사랑과 관심을 갈구한다. 인간은 평생 존재 불안을 가지고 있어 항상 자신을 완전하게 해줄 대상을 구하는데, 부모는 인간의 역할을 넘어 완전성의 상징이 된다. 이때의 경험들은 후에 신에 대한 복종심이나 사랑으로도 전이된다. 신은 종종 어머니나 아버지란 이름으로 불리니까. 이러한 태도는 절대적이어서, 부모의 영향에서 벗어나지 못한 사람들은 "엄마가 사람 대하는 게 서툴러요. 지금 생각하면 제 20대랑 별로 다르지도 않더라고요"와 같은 말이 신성모독처럼 느껴져서 입 밖에 내는 것조차 두려워한다.

사춘기 이후에는 부모와 자신의 차이를 알고, 정체성 독립을 이루는 것이 중요하다. 예전에는 아버지가 평생 영향력을 행사하려는 경우가 많았다면, 최근에는 어머니가 그렇게 하는 경우가 많아졌다. 이에 따라, 그것을 오이디푸스 콤플렉스라 부르든 자기애적 경향이라 부르든, 부모와 분리되지 못한 채 성인이 되어서도 스스로 결정하기 힘들어하는 특징을 띠게 된다.

분명하게 독립이 일어난 뒤에는 부모를 보는 시선이 달라진다. 내가 그들의 유전자와 성격을 끌어안고 있다는 것을 알게 되고, 부모의 고통이나 실수, 애정에 공감하게 된다. 부모가 다시 내 마음에 자리를 잡기 시작하는 것이다.

혹자는 어차피 부모가 다시 마음에 들어온다고 하면 처음과 달라지는 게 무엇이냐고 말하기도 한다. 꼭 부모와 분리되어야 할 필요가 있느냐는 것이다. 그러나 이 둘은 엄연히 다르다. 어린 시절 부모를 보던 아이의 시선과, 그것에서 벗어나 타인으로서 부모와 자신을 바라보는 시선은 전혀 다르다. 마음속에서 부모는 일방적인 애정의 대상이나 복종의 대상이 아닌, 서로의 영역을 가진 인간으로 자리를 잡게 된다.

다음은 상담 중 대화의 일부이다.

"아빠가 충동적인 분이었나요?"

"네. 아빠가 폭력적이었어요. 모든 아빠가 그렇죠. 그래서 지금도 남자들은 다 무서워요. 남자들이 낮은 목소리로 말하거나 소리만 질러도 놀라요."

"지금 남자친구는 어떤 사람인가요?"

"착해요. 목소리도 작고. 조용해요."

"자주 싸운다고 하지 않았어요?"

"그래도 조용해요."

폭력적인 남자들은 실제로 내부의 열등감이나 불안감이 심한 편

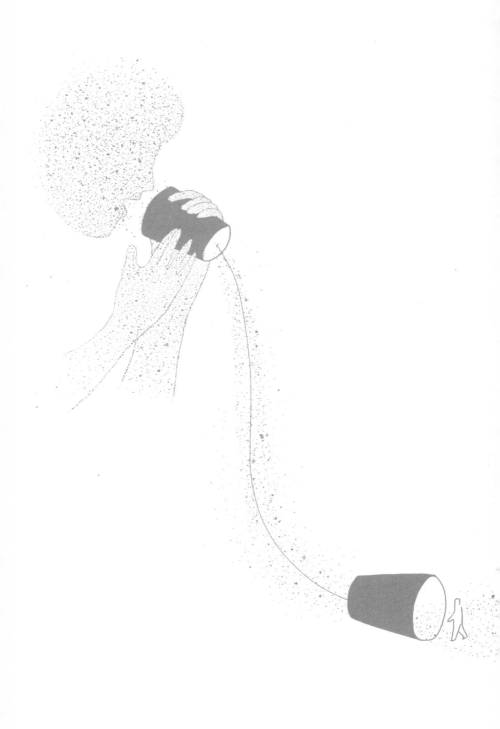

이다. 그래서 자신의 유일한 무기, 즉 폭력과 분노에 의지해 주변 사람을 대한다. 안타깝게도 가장 가까이해야 할 자식들이 그 폭력의 대상이 되는 경우가 많고, 자신에 대해서도 자학적인 태도를 가지고 있어 심리적 접근이 어렵다. 이런 아버지의 아들·딸들은 왜 아버지가 그랬는지 이해하기 어려워하며, 아버지를 그저 정체를 알 수 없는 괴물로 느끼는 경우가 많다. 따라서 의사는 아버지가 왜 그런 행동을 했는지 심리적인 재해석을 해줘야 한다. 폭력성의 내면은 외로움, 열등감, 고집, 무지 등으로 가득하다는 것을 이해할수록, 폭력에 대한 두려움도 제어할 수 있게 된다.

앞선 대화 속 내담자는 아버지의 폭력성으로 깊은 상처를 입었다. 때문에 그를 연상시키는 부분에 대해서는 비약적 논리로 경계를 하고 있다. 이런 경우, 자기 자신은 아버지에 대한 관심을 끊었다고 생각하기 쉽지만, 실제로는 나쁜 아버지상을 피하고 좋은 아버지상을 찾고 싶다는 의식이 강하게 존재하여 사실상 항상 아버지에게 사로잡혀 있다고 볼 수 있다. 대화에서도 분노의 한편에는 좋은 아버지에 대한 기대가 있다. "모든 아빠가 그렇죠"라고 말한 이유는 모든 남자가 그래야만 자신의 아버지가 덜 악한 사람이 되기 때문이다. 부모에 대한 기대는 일방적인 짝사랑이나 종교적 믿음에 가까워서, 우리는 늘 부모에 대해 이중적 태도를 가지고 있게 마련이다. 그래서 이런 경우, 상담자가 폭력적인 아버지를 무조건 비난하면 오히려 반감에 부딪치게 된다.

그녀는 화내지 않고 조용한 남자를 찾았다고 하지만, 그다지 만족스러워 보이지는 않는다. 대화에는 왜 자주 남자친구와 싸우는지 그 이유가 등장하진 않지만, 아마도 그녀는 아버지를 닮지 않은 남자친구에 대해 심드렁할지도 모른다. 이들은 실제로 남자가 화를 내지 않으면 의심하면서 무의식중에 조금씩 남자친구의 화를 부추기기도 하는데, 결국 상대가 화를 내는 순간 실망과 동시에 안도감을 느낀다. '결국 너도 똑같은 남자였다'라는 생각과 '아버지만 나쁜 사람이 아니었어'라는 생각이 함께 들면서 이중적인 소망이 동시에 이루어진다. 그녀는 이러한 행동을 무의식중에 반복하면서 어느새 아버지와 닮은 모습이 되어버릴 것이다. 이들에 대한 치료 과정은 아버지에 대한 부정적 감정을 위로하는 동시에 아버지를 이해시키고 아버지에 대한 비현실적인 기대감을 수정하여 자기 자신이 독립된 존재임을 깨닫도록 하는 순서로 이루어진다.

우리 내면의 목소리들은 상당 부분 부모의 말투를 빌린다. "더 열심히 살라"는 종용, "이것 가지고 되겠느냐"는 질책, "어떻게든 될 거야"라는 안도의 목소리, "너는 최고다" 같은 칭찬의 말들은 아버지나 어머니의 말투를 따른다. "그렇게 하지 마라, 이 길로 가라, 네가 이 일을 하면 좋겠다" 같은 말은 부모 혹은 타인의 욕망을 반영하는데, 이것이 내재화되면 이를 자신의 욕망으로 착각하고 정말 열심히 살면서도 뭔가 부족하다고 느끼며 일에 매달리거나, 근거 없이 자신을 인생의 실패자로 간주하기도 한다.

그렇다고 해서 그 목소리에 완벽하게 저항할 수는 없다. 부모의 기대와 이에 부응하려는 소망은 인간을 움직이게 하는 거대한 원리에 가깝다. 다만, 방심하면 우리를 잠식하려 들 것이므로, 때로는 부모의 목소리와 싸울 필요가 있다.

머릿속의 "이렇게 하라" 혹은 "그렇게 하지 말라"는 울림들에 저항하라. 그것이 어떤 의미인지 스스로 경험하고 결정하라. 이로써 나는 나다움을 획득할 수 있게 될 것이다.

"가게 일을 마치고 나면, 허무합니다. 돈 벌어서 무엇 하나, 누가 알아주나 싶고."

"원래 하고 싶던 일이 있었나요?"

"저는 지금 일이 괜찮아요. 그런데 부모님은 제가 항상 공부하길 바라셨어요. 교수였거든요."

"지금 돌아가신 부모님이 당신을 보면 뭐라고 하실까요?"

"잘 살고 있다고 하시긴 할 텐데…. 약간 아쉬운 표정을 지으시겠죠."

"부모님은 무슨 생각을 하고 계실까요?"

"후후. 네가 어릴 때 아빠, 엄마 말 잘 듣고 공부를 계속했더라면, 하실 거예요."

"그 말에 반박할 자신은 있습니까?"

부모가 그렇게까지 의도적으로 나를 강압한 것도 아니고, 심지어는 이미 돌아가셔서 자신의 생각이 옳은지 확인할 길조차 없는 사람도 많다. 어린 시절 느꼈던 섭섭한 감정이 아직 해소되지 않은 것인데, 이때 부모의 것이라 느끼는 목소리는 사실 자신의 죄책감, 열등감에서 비롯된 상상에 가깝다. 부모의 기대라고 해서 평생 그것을 갖고 사는 것만도 아니고, 부모가 옳은 것만도 아니다.

이런 사람은 부모의 심리를 더 정확하게 파악해보고, 부모의 역할이 무엇인지 학습하거나 현재 자신의 부모 역할에 대해 고심해볼 필요가 있다. 그리하여 스스로 다음과 같이 항변할 수 있어야 할 것이다.

"부모님이 나에 대해 다른 기대를 품은 것은 맞지만, 이후에는 그렇게 느끼지 않으셨다. 혹 그렇다 하더라도 그것은 부모님의 잘못된 생각이다. 이 감정은 내 열등감이다. 나는 부모의 영향에서 벗어난 독립된 사람이다. 게다가 지금 나는 좋은 부모 역할을 하고 있다."

위대한 나의 발견

한 사람의 정체성이 형성되는 데 가장 중요하게 여겨지는 것은 부모와의 관계와 정체성이 확립되는 부분이다. 부모는 인생 초기뿐 아니라 성장 이후에도 내적 부모상으로 남아 지대한 영향을 미치며, 10대 이후로는 소속된 사회에서 '건전한 모범적 자아상'을 제시해준다.

그러나 어떤 사람은 이런 과정이 실패함에 따라 자학하며 살아가기도 한다. 어떤 사람은 이런 과정에 몰두한 나머지 자신의 진정한 욕구를 무시하며 살아간다.

인간이 가진 중요한 의무는, 부모가 가르쳐준(그게 좋든 나쁘든) 인간에 대한 관점, 사회가 가르쳐준 관점을 극복하는 것이다. 이를 위해서는 현재 자신의 위치와 삶의 목표를 돌이켜보는 과정이 필요하다. 이 과정에서 참자아가 발생하며, 부모와 사회를 넘어선 이후에는 또다시 자신이 만들어낸 관점을 극복하는 과정이 필요

하게 된다. 이 모든 과정을 거치며 나라는 이상한 나라의 영토가
점점 더 확장되는 것이다.

모호한 부분을
조금 더 또렷이

막연히 불안하다는데, 원인이 잘 드러나지 않는 사람들이 많다. 특정 감정만 억압된 사람도 있고 죄책감으로 인해 진짜 감정을 외면하는 사람도 있지만, 제일 흔한 경우는 예의 바르고 선해 보이나 감정이 잘 느껴지지 않고 대화가 단조로운 타입들이다.

"취직이 안 되니까 불안한 거 같아요."

이렇게 말하면서, 공부와 취직 그 자체 말고는 아무 관심이 없는 이들이 있다. 공부를 하는 이유나, 그 밖에 관심 있는 분야, 취직 이후의 계획 등 다른 준비도 있어야 하는데, 막연히 해야 할 것 같아서 하고 있으니 불안할 수밖에. 중산층 이상의 사람들 중에서도 열

6장 | 위대한 나의 발견

심히 일하고, 수입도 괜찮고, 자식들 교육에 관심도 많지만 항상 불안하다고 말하는 사람들이 있다. 남들과 비교하기만 하면서 자기는 그만큼 되지 못했다고 투덜거리는데, 막상 무얼 하고 싶은지는 깊게 생각해본 적이 없는 그런 사람들이다.

한번은 30대 초반의 초등학교 선생님이 내원을 했다. 불안하고 답답한데, 주요 원인은 학교생활 같다고 했다. 자신은 아이들에게 많은 것을 열심히 가르치고 있는데, 이상하게 힘들다는 것이다. 대화를 나누며 선생님으로서 할 일이 무엇이라고 생각하느냐고 여러 번 물었으나 그는 "열심히 가르치고 있다"라는 말만 반복했다. 그러다 "애들이 서로 안 싸우고 다치지 않게 한다" "스스로 공부할 수 있게 돕는다"라는 말을 덧붙였다.

그의 입장을 내 직업과 연관해 한번 생각해본다. 정신과 의사로서 약도 잘 쓰고 친절하게 설명도 잘 하는데 무언가가 불안하고 답답하다면? 정신과 의사의 역할이 그것만은 아니기 때문이다. 내담자의 더 깊은 내면을 이해하고 치유하는 것, 정말 도움이 필요한 사람에게 도움이 되어야 한다는 것. 이는 내가 가진 역할에 대한 기본적인 의무감이다. 그런데 그 선생님은 자신의 역할을 강사나 관리자로 국한시키고 있는 것으로 보였다.

"보통 영화나 드라마에서는 학교 선생님을 어떻게 묘사하나요?"
"아이들을 잘 가르치고 아이들과 같이 놀아도 주고, 그랬던 것

같네요."

"선생님을 존경하면서 평생 자기 롤 모델로 삼는 아이들 이야기도 있죠."

"네, 그럴 수도 있겠네요."

이 사람은 선생님에 대한 역할뿐만 아니라 자신이 어떤 존재인지에 대한 생각이 부족했다. 기본적으로는 성실하고 좋은 의도를 가지고 있으므로, 역할에 대한 인식을 더 정교화하고 아이들과의 소통이 얼마나 중요한지에 대해 대화를 나눌 필요가 있었다. 이런 불안은 약물만으로 해결되는 것이 아니다.

정체성이 발달되기 위해서는 다음과 같은 과정을 거쳐야 한다.

긍정적인 자극 → 그에 대한 감정 발생 → 욕망의 발달 → 행동으로 이행 → '이것을 원하고, 이것을 느끼며, 이를 행하는 사람'이라는 정체성 발생

이는 순환 구조를 가지고 있어서, 사람이라는 엔진을 계속 가동시키는 원리가 된다. 감정 표현이 부족한 사람은 좋은 자극 하에 감정을 유발시켜 표현을 북돋아 주고, 의욕이 없는 사람은 좌절된 욕구를 다시 환기해줘야 한다. 정체성이 없는 사람은 욕망을 구체화시켜줘야 하며, 욕망 자체가 발달되어 있지 않은 사람은 아름답고 좋

은 자극에 접하도록 해주어야 한다. 음식, 예술, 종교, 여행 등이 접근도 쉽고 자극도 확실한 편인데, 이에 대해 대화를 나누기보다는 스스로가 직접 경험하도록 유도하는 편이 더 낫다.

부모는 자신의 좋은 행동을 아이도 따라 하길 바란다. 책을 많이 읽는 아빠는 자기 아이에게 책을 많이 읽혀서 아이를 박식하게 만들고 싶어 한다. 자기의 바람을 아이에게 투영하기도 한다. 그래서 첼로를 배우고 싶어 하는 엄마는 항상 첼로 음악을 틀어놓곤 한다. 이러한 의도는 전혀 나쁜 것이 아니며, 부모로서 자연스럽게 가질 수 있는 희망이다. 다만, 부모가 이를 강제하는 과정에서 운이 좋으면 아이가 부모의 의도를 잘 따라 할 수 있으나, 과한 경우 부모의 욕망을 대신하는 존재가 될 수도 있다.

부모는 아이에게 목표를 제시함과 동시에 아이가 '그것이 할 수 있을 만한 것'이라고 느끼도록 만들어주어야 한다. 심리학자 하인즈 코헛Heinz Kohut이 말했듯이, 부모가 완벽한 이상적 존재가 됨과 동시에 아이도 스스로 자신이 부모와 같은 존재가 될 수 있다고 느껴야 하는 것이다. 아이가 부모나 형제들에게 패배감을 느끼면, 그들을 모방하거나 배울 생각을 하지 못한다. 음악을 열심히 들려주는 엄마의 의도는 오히려 지나친 간섭의 이미지로 남을 수도 있다.

사람은 상대의 의도를 더 편하게 받아들일 수 있는 대치물을 찾기 때문에, 아이는 종종 부모의 의도와 빗겨나간 주제에 관심을 가지곤 한다. 예를 들어, 첼로 음악에는 관심이 없지만, 음악이 나올 때마다 엄마가 주던 차와 쿠키 같은 것을 욕망의 대상으로 삼을 수는 있다. 음악은 엄마의 억압이 되지만 쿠키는 엄마의 사랑이 되며, 그에 대한 수용은 간접적으로 엄마에게 복종의 의미를 지닌다. 부모가 아무리 이를 통제하려 해도 통제되지 않을 것이다.

결론은, 아이가 최대한 다양한 세계관을 접할 수 있도록 해줄 필요가 있다는 것이다. 부모 자신부터 다양한 세계관과 관점들에 대해 긍정적인 시선을 가져야 한다. 부모의 집착은 거북하더라도, 사심 없는 자애로운 마음은 아이에게 좋은 유혹거리가 될 것이다. 아이는 부모 자신도 모르는 부모의 '진짜' 좋은 점을 알아서 베끼고 존경할 것이다.

나의 아름다운
정체성을 찾아서

자기 내면을 드러내는 방법으로는 '이성적 생각을 서술하는 것'과 '내적 감정을 표현하는 것'이 있다. 역사적으로는 주로 전자를 존중해왔고, 후자는 오히려 억제해야 할 것으로 여겨왔다. 그러나 근대에 들어오면서 정신질환의 상당수가 억압된 감정이 왜곡되어 표현되는 현상임을 알게 되었고, 현대는 개인의 개성을 드러내고 욕구와 감정을 원만하게 드러내는 것을 권장하는 사회가 되었다.

욕구와 감정이라는 두 요소는 자기 정체성으로 드러나게 되는데, 이것이 확립되기 위해서는 자신의 분명한 욕구를 알아야 한다. 그러기 위해서는 감정 신호에 예민해져야 한다. 이러한 감정과 욕구를 분명하게 느끼기 위한 새로운 상황의 자극도 필수적이라 할 수 있다.

자신의 욕구를 알기 위한 기초 질문 3가지

표현을 잘 하지 못하고 자신만의 감정이나 취향에도 둔하고 심지어 자기 의지대로 무언가를 해본 적 없는 사람. 막연하게라도 어떤 사람인지 그 이미지가 떠오르는가? 간단히 말하면, 자주 보는 사람 입장에서 '무지 재미없는 사람'이다. 이들은 상담 시에도 매우 무미건조해서, 내면의 상태를 꺼내도록 하기가 쉽지 않다.

다음은 내가 이런 사람들을 만났을 때 그의 내면을 확인하기 위해 던지는 가장 간단한 형태의 질문들이다.

- 제일 좋아하는 음식은?
- 돈을 많이 벌면 가장 갖고 싶은 것은?
- 여행을 간다면 가고 싶은 곳은?

감정을 드러내지 못하는 사람에게 감정에 대해 물어봤자 헛수고다. 때문에 이와 같은 질문들을 던지는 것인데, 이는 상대가 사유하는 방식에 대한 기초적인 질문이자 그 사람의 정체성에 대해 알 수 있는 가장 낮은 허들이라고 보면 좋겠다.

자신의 생각이나 감정에 둔감하면, 호불호가 애매하다. 싫어하는 것을 물어보면 딱히 없는 것처럼 말하지만, 좋아하는 것을 물어보면 "다 싫다"고 말한다. 이에 따라 누구라도 답을 할 수 있는 간단한 질문을 던져야 하는데, 주로 먹는 것과 돈, 여행지에 관한 질문 정도다. 먹는 것에 대한 질문은 대화를 트기 쉽고, 돈에 대한 질문은 그 사람의 욕망을 쉽게 알아낼 수 있다. 여행지에 대한 질문은 그 사람이 꿈꾸는 이상향을 알아내기에 적합하다.

어떤 사람은 돈은 벌고 싶지만 갖고 싶은 것이 없어 공허하고, 어떤 사람은 주변 사람의 인정이 더 중요한데도 남들에게 욕을 먹어가며 돈만 벌고 있으며, 어떤 사람은 자기가 원하는 것이 평생 가도 얻을 수 없는 것임을 모르고 살기도 한다. 그 사람의 내면을 자극해 감정이 드러나기 시작하면, 그것을 사유로 풀어낼 수 있게 돕는다.

제일 좋아하는 음식은?

이 질문에 대해 "고기요" "햄버거요" "밥이요"와 같이 보통명사에서 멈추는 답변이 나오면 곤란하다. 자기 욕구를 구체적으로 드러내기 위해서는 나의 경험과 감각, 적극성의 정도 등을 하나하나 서술하는 습관을 들여야만 한다. 라면을 좋아하더라도, 라면을 한 종류밖에 먹어보지 않았거나, 부모가 사준 것만 수동적으로 먹어왔거나, 제품마다의 차이를 스스로 생각해보지 않은 사람은 이 질문에 그저 "라면"이라는 단어 외에 당최 떠오르는 말이 없을 것이다.

"라면 좋아하는데요. 주로 비벼서 먹는 거. 국물은 그렇게 좋아하질 않거든요. 요즘 ○○○ 회사 신제품이 정말 맛있었죠."

"고기 구워 먹는 거 좋아해요. 왜 언양불고기 있잖아요. 종로에 있는 그 집이 잘 하죠."

이처럼 자신의 기억을 탐색하는 느낌이 나는 답변이면, 훌륭하다.

돈을 많이 벌면 가장 갖고 싶은 것은?

이 질문에 대해 가장 많이 나오는 대답은 "집이요" "좋은 차요" 등이다. 가장 재미없는 대답이다. 역시나 단순한 대답은 좋지 못하다. 돈을 벌어 성취하고 싶은 개성 있는 꿈을 설명한다면 가장 좋겠지만, 아주 세속적인 대답도 상관없다.

"강남쪽 집이요. 50평 정도? △△동이 좋더라고요. 기왕이면 산이나 강이랑 연결된 집이 좋아요."
"비싼 슈퍼카를 사고 싶어요. 람보르기니 우라칸 같은 거요. 그 엔진 소리를 들으면서 자유로를 밟으면, 정말⋯."

여행을 간다면 어디를 가고 싶은지?

이 질문을 했을 때 대부분 나오는 대답은 "유럽이요" "미국이요" "일본이요" 이 세 가지이다. 그러나 대륙 이름만 대면 곤란하다. 아주 큰 나라라면, 나라 이름만 말해서도 안 된다. 평소 자기가 꿈꾸는 장소를 진지하게 생각해본 적 없이, 막연히 잘사는 선진국들만 꼽은 것이기 때문이다. 여행을 별로 좋아하지 않는 사람들에게는 호기심 가는 장소가 있는지 묻는데, 그래도 대답이 부실하면 그는 시야가 좁은 사람일 가능성이 크다.

"파리에 가서 디저트 먹으러 다니고 싶어요. 키슈랑 타르트 같은 거요."
"남태평양에 있는 섬, 괌이나 사이판 같은 데 말고요. 혼자 있을 수 있는 섬나라에 가보고 싶어요."

이처럼 자기 취향을 세분화할 수 있는 능력이 있느냐가 중요하다.

생각에 대한 이유를 반복 질문

한 가지 주제를 정해서 깊게 들어가 보자. 일단 본인이 좋아하는 것과 싫어하는 것 하나를 골라서, 그것을 더 자세히 설명해본다. 주관식으로 대답하기가 어렵게 느껴진다면, 자신이 아는 것을 모두 꺼내 객관식으로 선택한다.

"제일 맛있는 음식은?"
"나는 고기를 좋아하지."

"내가 어떤 고기를 좋아하더라?"

"그냥 고기면 다 좋아하긴 하는데. 일단 종류를 모두 꼽아보자."

"소, 양, 돼지, 닭, 오리… 아, 생선."

"난 소고기를 좋아한다고 생각했는데…. 음, 만약 한 가지만 먹어야 한다면 닭일 것 같은데?"

"튀김보다는 숯불구이가 낫지."

좋아하는 범위가 좁혀졌으면 그다음엔 왜 그것이 더 좋은가를 설명한다. 답이 나왔다 하더라도 재차 질문해보라. 이는 명상에서 말하는 '화두에 집중하는 것'에서 가져온 개념이라, 절대 쉬운 일이 아니다. 보통 3~4회 이상 연달아 하기 어렵다. 말문이 막히면 "그냥" "좋아서 좋은 거지, 이유가 어딨어?" 같은 답을 해버리고 싶어질 텐데, 정말 도저히 답이 나오지 않는다 싶으면 그냥 "다음에 하지 뭐" 정도로 기억해두는 것이 좋다. 포기하지만 않으면 된다.

"물론, 삼겹살이나 소 안심 같은 것도 좋지만, 닭은 쉽게 먹을 수 있지. 싸기도 하고."

"나는 맛보다는 싼 거, 편의성을 좋아하는 건가?"

"음…. 아니야. 그보다는 닭이 어떤 조리방식을 쓰든 다 맛있어서야. 굽든 튀기든 다 잘 어울리지. 게다가 돼지나 소는 어떤 나라에선 먹기가 힘들어."

"자체의 맛보다는 무난하게 어울리는 게 더 좋다는 걸까?"

"음…. 그러고 보니 나는 고기를 좋아한다고 생각하지만, 다른 나라에 가면 안 먹는구나. 냄새 때문에. 분명 나는 맛에 대해 말하는 줄 알았는데, 맛이 아니라 편의성을 생각하고 있었네."

"그러고 보니 나는 차를 살 때도 옷을 살 때도 편의성이나 가성비를 중시하는 것 같아. 음식도 그런가?"

이런 방식을 통해 단순한 사실에 머물렀던 생각이 점점 폭과 깊이를 더하도록 유도한다. 잘 되면 음식 취향에서 관심사, 사고방식까지 그 범위를 넓힐 수도 있다. 이렇게 나온 일련의 응답을 하나의 문장으로 편집해본다. 이제는 다른 사람과의 대화가 이렇게 변할 수 있다.

"어떤 음식을 좋아하세요?"

"제가 고기를 좋아하는데요. 두루두루 어디에나 어울리는 닭고기가 제일 정이 가네요. 어딜 가서 먹어도 맛있었던 기억밖에 없어요. 제일 맛있는 음식은 ○○○에서 먹은 소고기지만요."

이런 표현이 많아질수록 자신을 상세히 설명할 수 있으며, 당연히 상대가 대화를 이어가기도 쉽다. 정체성은 이러한 자기 묘사를 토대로 한다.

다양한 부분에 초점 맞추기

질문을 반복해 나 자신을 깊이 이해하는 방법도 있지만, 한 질문의 다양한 요소에 눈을 돌려보는 것도 좋다. 앞의 고기 이야기에서는 닭과 소고기만 등장했지만, 생선에 대한 추억이나, 다른 나라에서 먹었던 고기에 대한 안 좋은 기억에 대해서도 이야기해볼 수 있다.

자신이 놓치고 있는 정보에 주의를 기울이다 보면, 그때마다 자신의 감정이나 판단이 바뀌는 것을 경험할 수 있다. 쓰레기로만 보이던 낡은 상자가 문양의 독특함에 눈이 가게 되면, 보물로 보이기도 하듯이 말이다.

"여기 국제표 고추장 튜브가 있습니다. 무엇이 생각납니까?"
"맛있겠다, 정도요?"

"왜요?" 하고 여러 번 집요하게 물어볼 수도 있지만, 그냥 다른 단어들에 초점을 맞춰볼 수도 있다.

"혹시 국제표 아세요?"
"처음 들어 보는 브랜드인데요."
"생전 처음 들어보는 회사 고추장이 맛있을 것 같아요?"

"… 아뇨."

"튜브 고추장 자체는 어떻게 생각해요? 평소에 자주 쓰세요?"
"맛 차이야 없겠지만, 여행 갈 때나 쓰지 평소에 쓰지는 않죠."

어디에 초점을 맞추느냐에 따라 같은 물건에 대해서도 "맛있겠다"에서 "맛없겠다"로 금세 평가가 달라질 수 있다. 이런 훈련은 자기 마음의 변화를 예리하게 느끼게 하고, 사물의 다양한 측면에 주의를 기울이도록 하며, 우리의 판단이 상대적이라는 것을 깨닫도록 도와준다.

내 마음이 말하고자 하는 것

자신의 숨겨진 생각들을 찾아낼 때는 다소 억지스러워야 한다. 보물찾기를 할 때 보면, 어디 보물이 눈에 빤히 보이는 곳에 놓여 있던가? 나의 숨은 생각을 찾아내려면, 이게 말이 되나 싶을 정도로 여기저기 아무거나 들춰보는 습관이 있어야 한다. 프로이트가 만든 자유연상의 개인 버전일 수도 있고, 불교 화두의 생활판이라고 볼 수도 있다.

예를 들어, 적갈색의 종이를 보여주고 "이 색을 보고 무슨 생각이 들지?"라고 스스로에게 물어본다. 물론 나도 아무 생각 안 나지만. 그냥 연상되는 물건을 자유롭게 말해보는 것이다.

"와인 색이네. 좀 밝은 색. 이런 색은 달달한 싸구려 와인이지."
"뭐, 나는 싸구려 와인 좋아하니까. 와인 맛도 잘 모르는걸."
"옛날에 좋았지. 막 와인 마시기 시작했을 때, 친구들끼리 다 같이 모여서 이것저것 뜯어보고."

이렇게 자유롭게 나온 생각들이 뭘 말하는 걸까? 바로, 내부에서 존재감을 드러내고 싶어 하는 나의 이야기다. 나에게 모호한 자극을 주면, 여태껏 참아왔던 나의 이야기가 슬그머니 비집고 나올 것이다. 좋았던 친구들과의 시절은 지나버렸다. 그 시절 먹었던 와인은 싸구려였지만, 그래도 나쁘지 않았다. 이런 기억들에 대한 안쓰럽고 소박한 느낌들. 그것이 나 스스로에 대한 느낌이라는 것을 알 수 있을 것이다.

물론, 어떤 사람은 같은 색을 보여줘도 다른 이야기를 한다.

"와인 색이네. 부르고뉴 와인. 섬세하고 고상하지. 너무 비싸서 먹긴 힘들지만. 이 맛을 잘 아는 사람이 별로 없어."

이건 또 그 사람의 이야기이다.

무엇이든 좋다. 그저 여흥으로라도 아무것에나 초점을 맞춰 그에 대한 자신의 감정, 추억, 판단 등을 가리지 말고 떠올려본다. 감정을 표현하라는 말이 거기에 사로잡히라는 뜻은 아니다. 기억, 생각, 판단 등 자신에게 편한 우회로를 이용해 생각의 흐름을 만들어내고, 다시 그 생각들에 붙어 있는 감정들을 읽으면 된다.

자유롭게 자기 내면을 탐색하는 걸 너무 두려워하지 마라. 사람은 자신을 사회에서 규정한 자아상 안에 가둬놓고 안심하는데, 순간순간마다 존재감을 드러내고 싶은 진짜 자기를 느끼게 되면 오히려 내면의 친구를 만나는 것이 흥미로워질 것이다.

긍정적 감정 찾기

무슨 말을 하든 부정적으로 대답하는 사람이 있다. 이들은 말 그대로, 'not'을 사용한 부정구문으로 대답하는 능력을 가지고 있다.

"짜장, 짬뽕 중에서 뭐 먹을래?"
"그거 말고 볶음밥."

"너는 어떤 직업을 가지고 싶니?"
"직업을 딱히 가지고 싶은 건 아니고….."

이런 식이다. 부정하는 것을 자신의 의견으로 삼다 보니, 정작 자신의 의견이나 욕구는 희미하다.

부정은 쉽다. 어떤 사실이나 존재를 그저 "아니"라고만 하면 되니까. 없애는 것은 쉽고, 만드는 것은 노력을 필요로 한다. 우울증 환자가 쉽게 부정적 감정에 휩싸이는 것도 그것이 긍정적 감정을 갖는 것보다 힘이 덜 들어서다. 치료자인 의사도 환자의 분노, 짜증, 불안을 '제거'하는 것은 비교적 쉬운 반면, 환자에게 의욕이 생기도록 하려면 많은 노력을 해야만 한다.

어떻게 하면 긍정적으로 말할 수 있을까? 이는 앞서 설명한 정체성을 확립해가는 방법과 거의 유사하다. 자기 내면의 긍정적인 부분을 발견하기 위해서는 집요한 자기 관찰과 함께 사안을 다른 방식으로 보는 융통성 등이 필요하다. 이를 위한 구체적인 방법을 생각해보자.

처음에 할 일은 작은 것을 놓치지 않는 것이다. 긍정적 감정은 아주 작을 때가 많다. 친구에게 펜을 빌려주고 싶은 마음, 개미를 밟지 않으려는 마음, 하늘을 보고 든 '참 아름답구나' 하는 생각 등. 이를 남에게 굳이 말할 것까진 없다고 해서 자기 자신에게까지 숨기지는 않아야 한다. 자기 자신에게 '내가 이런 생각을 했구나. 흠, 꽤 착한걸' 하며 작은 칭찬이라도 꼭 하는 것이 좋다. 내가 말을 해놓고도 내가 더 기뻐질 것이다.

두 번째는 더 적극적인 방법으로, 부정적인 생각을 다시 부정해보는 것이다. 부정하는 것이 특기인 여러분이라면 할 수 있다(!). 억지로라도 생각을 반대 방향, 즉 긍정적인 방향으로 돌리는 것이다. 예를 들면, "친구들한테 욕을 먹었다. 기분이 안 좋네"에 이어 "뒤에서 욕하는 것보다는 앞에서 욕하는 게 차라리 낫지"라고 말해보거나, "숙제를 안 했어. 큰일 났네"에는 "그래도 어젠 잘 놀았잖아?" 같은 말을 해본다. 처음에는 이런 방식이 '이게 뭐야' 싶을 정도로 설득력 없게 느껴질 것이다. 여러분은 곧 부정적인 생각으로 돌아갔을 것이기 때문이다. 이때는 추가적으로 다른 말을 덧붙여야 한다.

"내가 이렇게 생각하는 것만도 전보다 더 마음이 넓어진 거지."
"다시 어제가 돌아와도 나는 신나게 노는 걸 선택하겠어."

조금만 방심해도 우리는 '포기'라는 편리한 세상에 가게 되는데, 이를 막으려면 집요할 정도로 긍정적인 생각을 만들어내야 한다. 이를 반복하는 가운데, 나의 장점이 또렷하게 형태를 드러낼 것이다.

세 번째로, 다른 사람의 좋은 점을 찾아보려 해야 한다. 가족 상담을 할 때 서로의 장점을 찾아보라고 하면, "아무리 찾아도 있어야죠"라고 상대를 놀리거나 오히려 단점만 찾아대기 일쑤다. 그래선 안 된다. 아주 사소한 면도 긍정적으로 해석하고, 그 때문에 내가 흡족했다는 사실을 말해보라. 반대로, 내가 현재 상태를 유지하기 위해 얼마나 많은 사람의 도움을 필요로 했는지도 되새길 필요가 있다.

나는 매우 운 좋은 환자들을 알고 있다. 내 입장에서 보면 너무 상태가 나빠 도저히 나을 것 같지 않았는데, 신기할 정도로 약이 잘 듣거나 주변 사람들의 희생적 도움으로 수백 명에 한 명 나올까 말까 한 큰 호전을 보인 사람들이다. 하지만 안타깝게도, 그들 중 자신이 정말 운이 좋다는 것을 이해하는 사람은 소수이며 대개는 자신이 당한 불행만을 생각한다. 그런 이들을 접할 때마다 묘한 감정이 든다. 나는 그들이 신의 은총을 받은 것을 알고 있는데, 그들은 그것을 알지 못하니까. 그리고 나도, 우리도 그런 은총 속에 살고 있는 것을 깨닫지 못하고 살고 있을 거라 느끼게 되니까.

부정적 감정의 세분화

인간에게는 '부정편향 Negativity Bias' 경향이 있어서 자신에게 손해가 될 수 있는 정보에 예민하다. 협조자보다는 사기꾼에, 건전한 정보보다는 부정적 정보에 훨씬 더 많은 주의를 기울인다. 긍정적 감정은 그저 발견만 해도 좋지만, 부정적 감정은 아무 데나 널려 있다. 이를 세분화하고 잘 가공해서 남이 받아낼 만한 것으로 만드는 것이 처리의 포인트다.

"화를 내는 게 좋아요, 아니면 빈정거리는 게 좋아요?"

"화를 내야 시원하죠."

"빈정거리는 게 어때서요?"

"답답하잖아요."

감정이 세분화되어 있지 않은 사람은 이분법적으로 생각하는 경우가 많다. 이때 본인보다 더 과격한 사람의 예를 들어준다.

"화가 나면 무언가 부수고 때리는 사람이 있다고 칩시다. '부수는 게 낫겠어요, 욕을 하는 게 낫겠어요?' 하고 물었더니, '뭘 좀 부숴야죠'라고 한다면요?"

"음…. 그건 좀 아니네요."

분노의 표현에는 다음과 같은 여섯 가지 단계가 있다.

육체적 파괴 → 욕설, 과격한 언어 → 빈정거림, 비웃음 → 화난 것을 알림 → 화났다는 직설적 표현 없이 불쾌한 감정을 전달함 → 상대를 설득하여 내 뜻을 이해시킴 → 용서

이때 하위 단계를 사용하면 당장 기분은 나아지지만 후회감이 든다. 상위 단계를 밟을수록 상대보다 도덕적 우위를 점하여 주변 관찰자들에게 좋은 평가를 받게 되므로, 내 자존감이 올라간다. 실

제로 나의 경우, 분노를 폭발시키듯 꺼내면 마음 창고에 아직 지저분한 더께가 한참 남아 있는 것처럼 느껴지지만, 조곤조곤 정확하게 이야기를 해서 따지고 나면 그제야 온갖 감정 쓰레기를 청소한 느낌을 받는다. 생각하기에 따라선 이쪽이 더 시원하다.

자신의 부정적 감정을 단순하게 "짜증 나요" 정도로 표현하고 있다면, 앞서 언급한 대로 그렇게 생각한 이유를 반복적으로 질문하여 일련의 원인-결과를 가진 이야기를 만들어내야 한다.

"내가 여러 번 얘기했는데, 말을 들어주질 않아서 화가 났죠. 물론 내가 거기서 언성을 높인 건 잘못한 것 같아요. 그러면 상대는 더 안 들을 테니까요. 좀 답답하지만 상대는 내가 왜 화났는지도 잘 모르더라고요. 이해부터 시켜야 할 것 같아요."

이런 식으로 표현하는 것이 목적이다.

이성적인 말투로는 답답함이 해소되지 않는다면, 여러 가지 우회적인 방법으로 자신의 감정을 표현해낼 수 있다.

일단 욕.

"에이 씨..."

투덜거림.

"에구, 내 팔자야. 나는 왜 이런 거 하나 제대로 되는 게 없고."

자학.

"애초에 그런 놈을 사귄 제가 바보죠. 천벌을 받고 있는 거라 생각합니다."

빈정거림.

"제가 화낸 건 잘못했어요. 못 듣는 사람인데, 난청 환자한테 제가 화를 냈으니 내가 나쁜 놈이죠 뭐."

과장법.

"제가 여~러 번 얘기했거든요. 100번은 아니고 한 60번? 가끔 보면 난청인가 싶어서 이비인후과에 데려가고 싶다니까요."

나란 사람은
내가 아는 그 이상

의지

"가끔은 제가 일부러 이렇게 우울한 상태에서 헤어나오지 않는 건 아닌가 싶어요. 의지가 없나 싶을 때가 있어요."

내담자 중에는 이런 말을 하는 이들이 있다. 틀린 말은 아니다. 상황이 마음대로 되지 않을 때 우리는 남에게 짜증을 내며 그를 조종하려 들지만, 결국은 그런 나를 남들이 버거워하게 된다. 그 짜증은 결국 나 자신을 향해서 '내가 쓰레기였네. 내가 상황을 엉망진창으로 만들었네'라며 자책하게 되는데, 바로 그 감정이 우울감이다.

문제는 그 우울감이 기분 나쁜 것만은 아니라는 것. 자기를 비난하며 분풀이도 할 수 있고, 도덕적으로 올바른 느낌도 가질 수 있고,

죽음이라는 자유로운 상태(본인의 상상일 뿐이지만)를 꿈꾸며 행복해질 수도 있다. 강한 자기 연민은 자신을 항상 수동적인 입장에 놓고, 남에게 다시 애정을 불러올 수도 있다. 그래서 우울증은 이중적인 상태다. 이런 말을 우울한 사람에게 들려주면, 다시 자신을 비난한다. '역시 난 쓰레기였어. 역시 난 끝까지 비겁한 존재였어'라고. 그러면서 우울증을 더 깊게 만들곤 한다.

그런데 핵심은 바로 그 순간이다. 그때가 바로 자기가 자기를 비난하는 즐거움을 정당화시키는 순간이다. 우울증에 숨어 있는 분노를 이겨내려면, 자신을 괴롭히거나 남을 비난하고 싶은 욕망에 지지 말아야 한다. 자꾸 스스로를 칭찬해주어야 한다. 헛말, 거짓말이란 걸 알더라도, 자기 글씨를 보며 "우리 △△ 글씨 참 잘 썼네", 라면을 끓여놓고 "우리 □□ 어디 가서 굶지는 않겠네" 하면서.

자화자찬하는 게 우습게 보이고 한심하게 느껴질 수도 있는데, 바로 그 마음을 거부해야 한다. 자신이나 타인을 비난하려는 마음속 누군가가 느껴지면, 바로 그 대상에게 나의 분노를 다 돌려야 한다.

"넌 좀 가만히 있어!!!"

그리고는 좋은 점을 보려는 내부의 자아를 다독여줘야 한다.

'의지'란 그런 것이다. 억지로 마음먹는다고 해서 생기는 것이 아니라, 자기 내면의 막대한 분노의 존재도 알아야 하고, 여태껏 잘못 사용해온 습관도, 새롭게 분노가 향해야 할 대상도 찾아내야 한다. 의지는 그때야 비로소 제대로 형태를 갖추고 작동을 시작한다.

상실

좋아했던 사람이 더는 내 곁에 없다고 느끼고 슬퍼했던 기억, 나이 들면서 그가 더는 필요 없다고 느낀 후에도 그의 부재를 뒤늦게 듣고 허전해했던 기억들이 있다. 그때 그 텅 빈 공간, 그 사람이 내 마음에 차지하고 있던 공간의 크기를 가늠해보곤 한다. 그 공간의 구석구석을 매만지듯, 그가 내게 남긴 흔적들을 더듬어간다.

빈 공간의 깎여나간 면을 매만지다 보면, 반대로 아직 차 있는 공간들도 느껴진다. 아직 나에게 남아 있는 사람들은 물론, 이제는 사라졌지만 영향을 끼친 사람들의 흔적들도 하나씩. 내 마음을 이룬 수백 명의 존재를 느껴본다. 내 정신은 그렇게 벌레 먹은 사과처럼 공중에 떠 있다.

길

정신과 의사로서 항상 갖게 되는 불안감이 있다. '내가 상대를 치료해주기는커녕 더 망치고 있지는 않은가' 하는 것이다. 내 성격의 특성상 어떤 타입들과는 좋지 못한 결과를 맺을 때도 있고, 처음부터 상대의 신뢰를 얻는 데 실패하는 경우도 있다. 결국 실패해 치료가 중단될 때면, 꼭 하는 이야기가 있다.

"잘 생각했어요. 안타깝지만 불편하면 그만둘 수 있어요. 하지만 제가 마지막으로 꼭 하고 싶은 이야기가 있습니다. 일단 당신 자신이나 집안에는 분명 문제가 있습니다. 그리고 제가 그걸 고치는 데 실패한 겁니다. 나를 미워하거나 실력 없다고 해도 좋아요. 다만 '난 치료를 받을 필요가 없다'는 생각은 하지 마세요. 다른 병원에 좋은 선생님들이 정말 많습니다. 꼭 그분들을 찾아가서 새롭게 시작하기를 권합니다. 다음에는 더 좋은 치료를 받을 수 있을 거예요."

마음 치료는 상담자가 내담자를 만나는 그때만 일어나지 않는다. 상담자의 말이 10년쯤 지나서 그 사람에게 효과가 발휘되기도 하고, 상담자 때문이라고 느껴지지도 않는 무의식중의 경험을 시작으로 행동 변화가 오기도 한다. 내담자가 정말 맞는 상담자를 찾았다며 전에 만난 상담자들을 비난하지만, 사실은 그때까지 만난 상담자 모두가 맞는 사람을 찾기 위한 길 위에 있던 이들이었을 수도 있고, 지금 나와 잘 맞는다고 생각하는 사람이 사실은 잘못된 길 위에서 있는 이들일 수도 있다. 내 마음이 어떻게 만들어져왔는가를 생각하다 보면, 여태까지의 모든 과정이 여기로 오기 위한 것이었음을 느낄 수 있을 것이다.

나 역시 많은 사람들을 만나왔지만, 상당수는 스쳐 지나간 사람이었고, 상당수는 서로 잊었다. 누군가는 나를 원수로 여기고, 누군가는 나를 은인으로 여긴다. 누군가에게 다음으로 가는 길이 되었다면, 다행이다.

영원한 햇살

글을 쓰다가 이상하게 끌려서 영화 〈이터널 선샤인*Eternal Sunshine*〉
을 봤다. 영화에 등장하는 사람들의 모습이 앞서 내가 만든 이야기
속 등장인물들과 어딘가 비슷하게 느껴졌다. 기억을 지워버리고도
다시 사랑을 찾아가는 사람들을 보며, 거기서 얻은 영감으로 이런
생각들을 시작했나? 그 기억은 잊어버렸지만, 왠지 생각의 기원이
그리워져서 영화가 끌렸던 걸까? 그냥 우연일까? 내가 모든 걸 다
겹쳐 보는 걸까? 신기하다 싶었다.

영화는 감동적이지만, 현실적으로는 그렇게 기억을 제거한다 해
도 서로를 잊는 것이 가능하지 않다. 주인공들은 상대에 대한 삽화
기억을 지워버리지만, 그런 기억은 서술할 수 있는 기억뿐만 아니라
일상의 사소한 습관들과 관련된 암묵 기억, 어린 시절의 부모나 지
인의 대치된 감정 등 여러 가지로 엮여 있다. 이런 것까지 지운다면,
아예 사람 자체가 망가질 것이다. 우리가 만나고 관계해온 사람들은
머리에서는 지워져도 몸에는 계속 남아 있다.

사람들은 A라는 누군가를 간절히 사랑했지만, 그 기억을 지우고
산다. 그래서 항상 내가 무언가 까먹은 것 같은 공허함을 느끼며 살
다가, A를 상기시키는 또 다른 이를 만나면 감동을 받는다. 그렇다
고 해서 그가 A인 것도 아니고, 실제 존재하는 A가 사라진 것도 아

니다. 어떻게 보면 A는 그저 내 머릿속에 있는 표상이어서, 영원히 붙들 수 없는 존재일지도 모른다.

우리 기억은 점점 무뎌져서, 내가 생각하고 판단한 것도, 곁의 사람들과의 추억도 사라져가고, 남아 있는 것은 나도 알 수 없는 버릇, 막연한 규칙들이다. 세상은 어렵고 그것을 감당할 능력은 없기에, 우리는 어떻게든 단순하게 살고 싶다. 막막하다. 그럴 때 '나란 사람이 내가 아는 그 이상'이라는 사실을 알게 되는 것은 참으로 기쁜 일이다. 내 차가 잘 제어되지 않는 줄 알았는데, 알고 보니 자기 혼자 알아서 주행하는 차라는 사실을 알게 된 것처럼, 나는 내가 나의 의도를 벗어나 움직이는 것이 다행스럽다.

〈이터널 선샤인〉에서는 기억이 삭제된 남자 주인공 조엘이 문득 충동적으로 몬탁Montauk이란 마을을 향해 달려간다. 아무래도, 그래서 나는 이 영화를 보고 싶었던 것 같다. 그리고 그게 마지막 장면으로 더 어울리는 것 같다.

마치는 글

1판 1쇄 인쇄 2018년 11월 5일
1판 6쇄 발행 2018년 12월 31일

지은이 송형석

발행인 양원석
편집장 김효선
디자인 RHK 디자인팀 박진영, 김미선
해외저작권 황지현
제작 문태일
영업마케팅 최창규, 김용환, 정주호, 양정길, 이은혜, 조아라,
　　　　　신우섭, 유가형, 임도진, 김유정, 정문희

펴낸 곳 ㈜알에이치코리아
주소 서울시 금천구 가산디지털2로 53, 20층(가산동, 한라시그마밸리)
편집문의 02-6443-8863　　**구입문의** 02-6443-8838
홈페이지 http://rhk.co.kr
등록 2004년 1월 15일 제2-3726호

ISBN 978-89-255-6489-0 (03180)